日本企業が続々と躍進する最高のフロンティア

加速経済ベトナム

I-GLOCALグループ代表
蕪木優典

東洋経済新報社

はじめに

◆堅実に加速するベトナム経済

２０２４年は辰年、ベトナムでは「ドラゴンイヤー」ということで縁起が良い年とされており、景気も上々、日系企業の進出も相次いでいます。そして、前年の２０２３年には日越外交関係樹立50周年という節目を迎え、日本の在留ベトナム人の数は56万５０００人と最多の中国人数に迫る勢いで急速に増えています。日本とベトナムの距離感はこれまでにないほど親密になっているといえるでしょう。

２０２３年６月に藤井聡太竜王・名人の初の海外対局が、ホテル三日月グループが所有・運営する「ダナン三日月ジャパニーズリゾート＆スパ」（ダナン市／以下、ダナン三日月）で実施されたのもそのあらわれのひとつ。コロナ禍が尾を引くなか、日本将棋連盟が「日本に良いニュースを届けたい」と新型コロナウイルス感染症が５類感染症になった同年5月以降に、日本文化の輸出の一環として急ピッチで準備を進めたものです。

さらに、経済面では「ベトナム株投資に興味はあるが、よくわからない」という個人投資家を対象に国内初のインデックスファンドが山和アセットマネジメントからリリースされました。国内主要ネット証券から簡単に購入でき、手数料も安い上に、NISA成長投資枠の対象ファンドにも指定されています。

多くの人が気軽に購入できるベトナム投資関連の金融商品が出はじめたことは、これからのベトナム経済のさらなる成長を示唆しているものといえるでしょう。まさに、ドラゴンイヤー、ベトナムの景気がグングン伸びていて、日本からも注目されている証左といえます。

実際、ベトナムに足を運んでみれば、誰もが多くのビジネスチャンスがあることにワクワクするはずです。

まずは、なんといっても人口が1億人に達している上に若年層が多く、中間層が拡大していることがあります。かつて、ベトナムには安価な労働力を求めて多くの製造業が進出していましたが、今やベトナムは市場としての魅力に満ちているのです。しかも、主な宗教が日本と同じく大乗仏教ということもあり、親和性があります。

堅実な成長性も大きな魅力です。

コロナ禍の影響（入国規制、行動規制）は甚大だったものの、2020年、2021年もプラス成長（2・9％、2・6％）を遂げ、世界的な物価高が問題視される昨今も、2045～2050年に先進国入りという政府目標の下、6～8％成長を遂げています。日本をはじめ、多くの国がマイナス成長に陥った時期にこれだけの成長を遂げられたのは、ベトナム政府の対応、そしてその堅実な成長性によるところが大きかったと思います。

そのほかにも、ビジネス的な面を見ると、外資規制がほかの東南アジア諸国よりも比較的緩やかであること、製造専門職やＩＴ人材が豊富なこと、親日的であることなど、さまざまな魅力があります。


なかには、ベトナムが中国と同様、共産党の一党独裁政権であることから、政府の強権発動によってグローバルビジネスが展開しづらいのではないかと危惧する人もいるかもしれません。しかし、心配は無用でしょう。むしろ中国共産党の失敗を研究しつくしているのではないかと思えるほど、柔軟かつしたたかに外交や産業振興に取り組んでいます。もしかすると、インドシナ戦争やベトナム戦争、カンボジア・ベトナム戦争、中越戦争などを乗り越えてきた強さがそのあたりにあらわれているのかもしれません。
このあたりについては、2020年3月まで駐ベトナム全権大使を務めた梅田邦夫さんの著書『ベトナムを知れば見えてくる日本の危機～「対中警戒感」を共有する新・同盟国～』(小学館)で詳述されているので、ぜひご一読いただければと思います。

ベトナムの柔軟性としたたかさは世界的にも注目されています。昨今、米中対立などの社会情勢も追い風となり、多くのグローバル企業や日系企業が進出を検討しているのもそのためです。

地政学的なリスクから中国を敬遠し、新たなサプライチェーンや消費市場としてASEAN、そのなかでもベトナムに注視する傾向が強まっているのです。また、グローバル展開を目指すスタートアップなどはその1カ国目としてベトナムを選ぶ傾向も出てきています。

こうした背景から、ベトナムには現地の日本商工会議所加入の日系企業だけで約2000社が進出しており、実際には3000～4000社あるとされています。

その業種も多岐にわたり、以前から多かった製造業だけでなく、ITやその他サービス業も積極的に進出。消費市場はもちろん、ベトナムの豊富な人材に注目し、高度なシステム開発などを手掛ける企業も増えています。もちろん、国内企業も着実に成長しており、今後は内資と外資のコラボによるビジネスもますます盛んになるはずです。

◆ベトナムとともに成長してきたＩ－ＧＬＯＣＡＬグループ

私が代表を務めるＩ－ＧＬＯＣＡＬグループも、ベトナムの成長のおかげで今日があります。

Ｉ－ＧＬＯＣＡＬグループはベトナムにおける日系初の会計系コンサルティングファームです。私が初めてベトナムを訪れたのは１９９３年のことで、当時のベトナムは決して豊かとはいえない経済状況でしたが、現地の人たちは皆、笑顔と活力に満ちていました。

バブル経済が崩壊したばかりの日本とは真逆の雰囲気で、私の目にはその光景が大いに刺激的かつ魅力的に映りました。そして、ベトナムに惹かれた私はベトナムに足しげく通うようになり、ビジネスの拠点としても注目。１９９９年の終わりにはアーサーアンダーセンベトナム（現・ＫＰＭＧベトナム）に出向し、翌２０００年には日本人で初めてベトナム公認会計士試験に合格。２００３年にベトナム初の日系会計事務所を創業しました。

最初はハノイ市の一角にある雑居ビルからはじまったI-GLOCALグループですが、現在はベトナムのホーチミン市とハノイ市に拠点を設け、1000社超の日系企業のグローバルビジネスをサポートするまでになりました。サポートの範囲は税務会計や人事労務、M&A支援など多岐にわたり、クラウド型人事労務管理サービスとそれを活用した給与計算の代行サービスも展開できるまでになりました。

2023年9月には設立20周年を迎えることができましたが、この分野で、ベトナムでこれだけの社歴を持ち、実績のある日系企業はほとんどありません。それはベトナム経済の成長のおかげであるとともに、ベトナムの勢いに胸を躍らせながら、「Your Growth is Our Growth」というモットーの下、ビジネスに取り組んできた成果だと思っています。

◆「情熱」に満ちたベトナム経済

今や日本にとって、経済や人の交流といった面でももっとも重要な国のひとつになっているベトナム。ベトナム経済はこれから先も間違いなく成長を遂げていきますし、それに伴い、ベトナムの存在感もさらに大きくなっていくことでしょう。

そこで、私はひとりでも多くの人たちにベトナムの可能性と魅力を伝えたいという一心で本書の執筆に取り掛かりました。

本書は長年にわたってベトナム経済をウォッチし続けてきた私が、その盛り上がりを活写し、なかでも特に伸びしろのある分野の動向を紹介するというものです。第1章ではベトナムの〝今〟に注目し、第2章ではアミューズメント・レジャー、第3章では食、第4章ではDX（デジタルトランスフォーメーション）、第5章では不動産、第6章ではインフラ・電力について取り上げます。

また、各分野においてベンチマークとなる進出企業への取材を通して、ベトナムビジネスのリアルな魅力や課題をお伝えしたいと考えています。それぞれの章から、日本とベトナムがお互いに協調していくことで、ウィン・ウィンのビジネスを構築できる可能性とその素晴らしさを感じていただければ幸いです。

さらに、巻頭インタビューではグローバルに活躍する経営学者であり、ベトナムを推してくれている入山章栄早稲田大学ビジネススクール教授、巻末座談会ではダナン三日月が進出する際のシンジケートローンに関わった商工組合中央金庫（商工中金）の関根正裕社長、みずほ銀行の加藤勝彦頭取、ホテル三日月グループの小高芳宗代表にご登場いただき、ベトナムへの「情熱」を存分に語っていただきました。

ベトナムビジネスを大局的に捉えてきた皆さんの言葉は実に示唆に富んでいるので、ベトナムに限らず、すべてのグローバルビジネスに携わる方々にご一読いただきたいと思います。

本書がベトナムで事業を展開している人たち、グローバルビジネスを検討している人たちのもとに届き、ベトナムビジネスに関心を持つきっかけになることを願っています。

I－GLOCALグループ　代表　蕪木優典

【巻頭インタビュー】
入山章栄　早稲田大学ビジネススクール教授に聞く

ベトナムは日本の“裏庭”ではない!!
見放される前に双方の強みを
生かせる関係づくりを

入山章栄（いりやま・あきえ）

早稲田大学大学院 早稲田大学ビジネススクール 教授

〈プロフィール〉

慶應義塾大学経済学部卒業、同大学院経済学研究科修士課程修了後、三菱総合研究所を経て、2008年に米ピッツバーグ大学経営大学院より博士号（Ph.D.）を取得。同年、米ニューヨーク州立大学バッファロー校ビジネススクール助教授に就任。2013年に早稲田大学ビジネススクール准教授、2019年4月から現職。専門は経営学。国際的な主要経営学術誌に多くの論文を発表している。著書の『ビジネススクールでは学べない世界最先端の経営学』『世界標準の経営理論』はベストセラーとなっている。

新進気鋭の経営学者であり、グローバルビジネス、そしてベトナムビジネスについても詳しい入山章栄早稲田大学ビジネススクール教授に、ベトナム経済が伸びている背景やベトナムビジネスの醍醐味について語っていただきました。

〈聞き手〉
蕪木優典

◆中間層の拡大と国民性が成長エンジンに

蕪木：入山先生はＰＩＶＯＴが配信している動画「【入山章栄が予測】東南アジア８か国を格付けチェック」にて、東南アジア諸国のなかでもベトナムを特に推していましたが、あらためてその理由を聞かせてもらえますか。

入山：東南アジア諸国の投資先としては、多くのビジネスパーソンがインドネシアやフィリピンを筆頭にあげると思うのですが、両国は貧富の差が激しく、経済全体がスケールしにくい状況にあります。私は今（２０２３年時点）、妻の仕事の関係でフィリピンのボニファシオ・グローバル・シティという高級住宅街に居住していますが、ここからわずか１㎞ほど離れるだけでかなり住宅地としてのグレードが下がってしまうわけです。

それに比べると、ベトナムは中間層のボリュームが厚い上に、着実に成長を遂げています。２０２３年に日越外交関係樹立50周年の経済ミッションでハノイ市に行く機会があったのですが、いろんな人たちからの話を聞いたり、街の様子を見たりするうちにその直感が確信に変わりました。良くも悪くもベトナムは共産主義であるがゆえに、かつては国民全体が貧しかったわけですが、それが一気に豊かになり出しているのです。

結果、国全体の幸福度の上がり方が均質的というか、「皆で一緒に良くなっていこう」という気運に満ちています。今は多くの人たちがバイクで移動していますが、近いうちにこれが中古車になり、いずれは新車や電気自動車になる未来がいとも簡単に想像できるのです。

あと、国民性の話としてよくいわれることではありますが、ベトナムの人たちはインドネシアやフィリピンの人たちよりも勤勉で働き者が多い印象があります。それにとてつもなく優秀な人たちが多いのも事実。

実際、私の周りには多くのベトナム人起業家がいるのですが、とにかくすさまじい能力を持っています。AI開発のスタートアップとして知られるシナモンがベトナムでAI人材の採用を進めてきたのはその証といえるでしょう。

蕪木：中間層の拡大、そして国民性に大きな可能性を感じていただけたわけですね。長年にわたってベトナムビジネスを支援してきた経験からも同感です。

後者に関しては、少し付け加えると、ベトナムの主な宗教が大乗仏教であることも大きく影響しているように感じています。実をいうと、東南アジアにおいて日本と同じく大乗仏教をメインの宗教にしているのはベトナムくらいなのです。そのため、「自利利他」といった考え方も含め、日本人とベトナム人は互いにシンパシーを感じやすいように思います。

入山：大乗仏教というのは新しい視点ですね。実際、ベトナムの人たちは他人に親切だし、やさしい気がします。かつてハノイ市に1年ほど住んでいたことがあるのですが、そのときに驚いたのは誰もお金をだまし取ったり、たかったりしてこなかったことです。当時はよくバイクの後ろに乗せてもらって移動していましたが、乗車賃を余計に吹っ掛けられるようなこともなく、安心して生活を送っていました。

あと、確証は持てませんが、共産党一党独裁政権でありながらも政治リスクがきわめて低いように感じています。ベトナムの政治家たちは非常に賢く、同じく共産党一党独裁政権である中国の背中をしっかりと観察しているという印象があるんです。

もちろん、外資に対しては多少、牽制をかけていますが、中国の習近平国家主席のように大鉈を振るうようなことはしませんし、政治批判に対しても一方的に弾圧したりしません。SNSも変に規制したりしていません。そうやって適度にガス抜きをしながら、国民のモチベーションを維持しているように思います。

◆「リープ・フロッグ現象」による急成長

蕪木：今後のベトナムの成長ぶりを想像すると、むしろ日本が相手にされなくなる可能性を危惧したほうがよいかもしれませんね。

入山：そうなんです。いまだに日本にはベトナムをはじめとした東南アジアの国々を見下し、「支援しに行ってやっている」といったスタンスを取る人たちがいますが、それでは絶対にいけません。

ハノイ市で開催された日越外交関係樹立50周年の記念式典でも、ベトナム側の重鎮たちはしばらくすると続々と帰って行きましたが、日本側の重鎮たちはずっとその場にいました。もはやそれくらい、双方の間には関心に対するギャップがあるわけです。

日本はベトナムのことをアジアの〝裏庭〟のように思っているかもしれませんが、もはや日本がベトナムにとっての〝裏庭〟になりつつあることを肝に銘じなければなりません。

蕪木：おっしゃるとおりです。私が初めて訪越したのは21歳の時で、当時は日本人への歓迎ムードがすさまじかったし、ベトナムにおける日本人、日系企業の存在感はかなり大きかったと思います。ですが、今は中国や韓国の勢いに目を見張るものがあり、日本のプレゼンスは明らかに低下してきています。

それに、ベトナムにおけるＤＸ（デジタルトランスフォーメーション）の進展にも目を見張るものがあります。住友商事などはハノイ市の北部でスマートシティの開発に取り組んでいますが、あの規模・レベルのものを日本でできるかといったら、コスト的にも規制的にも難しいでしょう。レガシーなインフラやシステムがほとんどなかったがゆえに、ベトナムは一足飛びに先進国に肩を並べたり、ある面ではその上にいってしまったりした部分があるように思います。

入山：いわゆる「リープ・フロッグ現象」（カエル跳び現象）ですね。レガシーなインフラやシステムが多ければ多いほどイノベーションは困難になりますが、そういったものが少ない新興国ではＩＴなどを活用して急激にイノベーションが巻き起こり、社会全体が飛躍的に成長する可能性があります。

アフリカなどはまさにその典型といえるでしょう。たとえば、アフリカにはほとんど銀行が存在しないのですが、スマートフォンとアプリさえあれば、買い物などの決済や送金をきわめてスムーズに行うことができます。日本では考えられないことですが、住所がなくてもスマホひとつで、銀行と変わらないくらいの金融サービスを享受することができるわけです。

一方、日本などではいまだに金融機関のＤＸが遅れており、金融機関のウェブサイトが24時間対応でなかったりします。そういう意味では、今や新興国のほうがはるかに先進性を有している部分があるわけです。東南アジアにおいてもアフリカ同様、固定電話やガラケーをすっ飛ばしてスマホから入った背景があり、やはりクレジットカードをはじめとした金融のレガシーなシステムを必要とせず、スマホ決済が主流になっています。

中間層が分厚いベトナムにおいては、こうしたインフラ面のみならず、より付加価値の高い領域においてもリープ・フロッグ現象の恩恵が生じやすいので、アフリ力よりも経済や産業がスケールしやすいかもしれません。

◆先進国入りに向けてＩＴ産業とスタートアップが急伸

蕪木：今後のベトナムビジネスの展望についてお聞かせください。

入山：ベトナム政府は２０４５年に建国１００周年を迎えることもあり、そのタイミングで先進国入りすることを目指していました。コロナ禍の影響で今は２０４５〜２０５０年までに先進国入りをするとしていますが、これは決して突飛な目標ではなく、今の成長ペースを見る限り、リアルにそのころには今の日本と同じぐらいの経済水準になっているんじゃないかなと思うわけです。なにせ今にしても全人口が１億人を超えた上に、平均年齢が31歳程度とかなり低いわけですから。

もっとも、今は経済の主軸がハノイ市とホーチミン市に偏り過ぎているという点があるので、今後はいかに地方都市を伸ばし、中間層のモチベーションを維持しながら持続的な成長を遂げていけるかどうかがポイントになると思います。

それに対して、投資側からするとインフレには常に注意しなければなりません。

ベトナムではすでにユニクロが市民権を得ていますが、ユニクロ製品はベトナムで買ったほうが高くつくんですよね。２０２３年の訪越時にユニクロでジャケットを購入したのですが、日本で買うよりも高くてびっくりしてしまいました。

こうした状況は他の製品だけでなく、人件費などにも影響を及ぼすので、そのあたりにきちんと目を光らせておくことが肝心です。

蕪木：ベトナムビジネスのなかで注目している産業や業種はありますか。

入山：やはりＩＴですかね。たとえば Rikkeisoft という会社は日本の立命館大学と慶應義塾大学出身の６人のベトナム人が立ち上げたスタートアップなのですが、素晴らしい技術力を持っています。優秀な上に要件定義を正確に守るので、日系企業にとっても実に頼もしいパートナーになっています。優秀なベトナムのＩＴ人材を基盤に、今後はこういった企業が次々と誕生するように思います。

そして、最近の注目株といえばなんといっても自動車です。ベトナム最大級のコングロマリットであるビングループ傘下のビンファストが、２０２２年半ばから電気自動車に特化しはじめたのは非常に大きなトピックスでしたし、今も多大なインパクトをアジア圏に与えています。ビンファストがシェアを伸ばすにしたがって、国内の部品メーカーはもちろん、ＩＴ関連機器などの分野も成長を遂げていくことでしょう。

蕪木：日系企業がベトナムでビジネスをする上で強みを発揮できそうな領域はありますか。

入山：ベトナムを〝裏庭〟と捉えるのではなく、対等なパートナーシップの下でビジネスを展開していくことが大前提になりますが、やはり双方の強みを最大限に生かせる領域にビジネスチャンスがあるはずです。

たとえば、日本といえばモノづくりであり、そこには依然として一日の長があります。ただ、ＩＴを活用したイノベーションには遅れをとっているので、そのあたりでうまくコラボし、日本以外の市場を開拓できるＩｏＴ製品を開発するというのも一案かもしれません。

もちろん、その場合にはベトナムだけでなく、インドという選択肢も浮上してくるのですが、日本からの距離で考えると圧倒的にベトナムが有利だし、国民性としても親和性が高いと感じています。

蕪木：東京の会社がＩＴ関連のアウトソーシング先を探すとき、都内でコストが高ければ、地方に目を向ける傾向にあります。しかし、今や同程度の技術水準であれば、ベトナムのほうがコストパフォーマンスに優れていることがしばしばです。

もっとも、ベトナムの人件費は年々、高くなっているので、いずれは日本の地方都市の水準に追いついてしまうかもしれませんが、そのときにはベトナムの都市部のＩＴ企業のレベルはさらに向上しているでしょう。

そういったベトナムの人材面での成長を視野に入れると、近いうちに日本でベトナム人が起業する、あるいは日本企業の経営を担うといった未来も想定できます。ベトナムビジネスを展開している亀田製菓の代表取締役会長ＣＥＯはインド出身のジュネジャ・レカ・ラジュ氏が務めていますし、同様の展開がベトナム出身者にも起こりうるように思うのです。

入山：日本企業のなかにはベトナムにしっかりと根差している会社が多数存在します。たとえば、私が取締役を務めているロート製薬も長年にわたってベトナムビジネスを展開し、存在感を発揮しています。

そういった会社にはベトナム人も自然と注目して就職していくでしょうし、そうなるといずれは役員、場合によっては社長を務めるベトナム人もあらわれてくるのではないでしょうか。

蕪木：入山先生とのお話で、ベトナムが経済面でも産業面でも、そして人材面でもますます成長を遂げていくことがより明確にイメージできるようになりました。

加速経済ベトナム◎目次

第3章　グルメ大国の人々を魅了する日系の飲食店と食品

第1章

加速するベトナムの経済とビジネス

著しい発展を続けるホーチミン市の夜景（sakio3p／PIXTA）

◆コロナ禍を経て活気と勢いが復調

巻頭インタビューで早稲田大学ビジネススクールの入山章栄教授が話していたように、依然として多くの日本人がベトナムをはじめとした東南アジア諸国のことを日本の〝裏庭〟のような存在だと感じているのではないでしょうか。グローバルビジネスといえば、欧米諸国や中国などがメインストリームであり、東南アジア諸国はあくまでもサブ的な存在である、と。

しかし、これは大きな間違いであり、まずはこの認識を正さなければ、日本が世界各国のグローバルな経済成長に置き去りにされてしまいかねません。

そのことを如実に示しているのが経済成長率です。日本や欧米諸国のGDP（国内総生産）は年間1％台しか成長していませんが、ベトナムはコロナ禍のタイミングで足踏みしたとはいえ、コロナ禍が収束した昨今は6～8％成長に復調しています。

ホーチミン市やハノイ市といった大都市を歩けば、誰もがそのことを実感できるはずです。信じられないような台数のバイクが早朝から夜まで道路を埋め尽くし、ショッピングモールや市場や商店は連日、大にぎわい。もちろん、飲食店や路上飲食店、クラブなどのナイトスポットでも、毎日のように多くの人たちがクラフトビールや「３３３」をはじめとしたベトナム産のビールを片手に盛り上がっています。

ただ、所得水準はまだまだ高いとはいえません。ベトナム統計総局によると、２０２３年のベトナム人の１人当たりの平均月収は４９６万ドン（日本円にすると月収３万円ほど）と、成長が鈍化している日本と比べても10分の１以下です。

しかし、多くの国民たちが経済成長を肌で感じているからこそ、富裕層のみならず、若者たちも消費意欲が旺盛で、私たちからすると「所得に見合わないのではないか」と思えるほどのローンを積極的に組み、不動産や自動車、電子機器などを次々に購入していきます。

顕著な例としてあげられるのがスマートフォンです。パソコンの保有率は低いものの、スマホの保有率は非常に高く、ビジネスパーソンはもちろん、若者をはじめ道行く人たちの大勢がスマホを公私の両面でフル活用しています。

なかでも人気を集めているのはｉＰｈｏｎｅで、街を歩けば至るところで広告が目に飛び込んできます。その価格は日本で購入するよりも高価であることが多いにもかかわらず、若者たちは最新機種をこぞって買い求めるのです。

◆ライドシェアアプリ「Ｇｒａｂ」の台頭

いわゆるガラケーの時代を飛ばして、一気にスマホが普及したこともあって、スマホを活用した仕組みやアプリも著しく成長しています。なかには日本以上に利便性を感じるものすらあります。

代表例をあげるとすれば「Ｇｒａｂ」というアプリでしょうか。ライドシェアアプリといえば、世界的にはＵｂｅｒが有名ですが、ベトナムではシンガポール資本のＧｒａｂが圧倒的なシェアを誇っています。日本ではＵｂｅｒを使用することはできるものの、タクシー業界などの反発もあって、ライドシェアというよりもタクシー配車アプリとして使用されるに留まっています。

ところが、ベトナムにおけるＧｒａｂはスマホの普及とともにライドシェアアプリの本領をいかんなく発揮。アプリで乗車地点と目的地を設定し、バイクや自動車といった乗り物を指定すると、行き先までの経路と料金が示され、あとはドライバーが到着するのを待つだけでOK。乗車してからの会話は必要ないし、事前に金額が決定し、クレジットカード決済がなされるので、目的地までの時間を安心して過ごすことができます。

ベトナム人にとってはもちろん、ベトナム語が話せない駐在員や外国人旅行者にとっても非常に便利なアプリです。

また、GrabはUberと同様、フードデリバリーの機能も有しており、こちらも事前に金額が決定するので、気軽にかつ安心して使用できます。マクドナルドやケンタッキーフライドチキンをはじめとしたグローバルチェーンはもちろん、ベトナムのローカルチェーン、さらには観光ガイドに掲載されているような有名店などもラインアップされており、自宅や宿泊先のホテルなどにいながらにして個性的なグルメを堪能できるわけです。

さらに、Grabは日本でいうところのバイク便の機能も有しており、ドライバーに荷物を託すことでスピーディに指定の場所に届けてもらうことができます。日本のように郵便や宅配便をはじめとした物流網が整備されていないベトナムにおいては、「市内くらいの距離であれば、Grabのほうがスピーディだし、確実に物を届けることができる」と日常的に利用されています。

おかげで、最新設備が入ったスーパーマーケットやコンビニでなくとも、誰もが直接、顧客に物を届けられるようになり、小規模な小売店や飲食店もGrabを活用することで、いまだに根強いマーケットを維持することができています。これも日本と大きな違いを感じる点といえます。

◆新興国ならではの「リープ・フロッグ現象」

レガシーシステムに縛られず、このように一足飛びに生活や経済が成長を遂げることを「リープ・フロッグ現象」（かえる跳び現象）と呼びますが、まさにベトナムではこの現象がさまざまな分野で発生しています。

対する日本はどうかというと、アナログ時代から長い年月をかけて構築してきたレガシーシステムによってがんじがらめになり、特にＤＸなどの分野で遅れをとっている状況です。

コロナ禍を経て、ようやくテレワークやオンラインミーティングが普及しはじめましたが、先述したＵｂｅｒのような身近な例だけでなく、行政手続きなどの面でもまだまだ旧態依然としたシステムや仕組みによってＤＸが思うように進んでいないところが散見されます。リープ・フロッグ現象によって、急速なＤＸを成し遂げたベトナムには大いに学ぶべきところがあるでしょう。

もっとも、そうはいっても長い年月をかけて、さまざまなインフラを構築してきた日本だからこそ、先進国ゆえの知見やノウハウを持っているのも事実。その点に関しては、ベトナムが日本に学ぶべきところがまだまだあるといえます。

たとえば、ベトナムには地下鉄をはじめとした鉄道網など、レガシーシステムが構築されていないがゆえに生じる問題（交通渋滞や排気ガスによる都市公害など）も多々あります。そういった点においては、日本がこれまでに困難を乗り越えながら蓄積してきた知見やノウハウを活用することができるはずです。

また、日本が現在進行形で抱える人口減少や高齢化、過疎化などの社会課題についても、今後、独自のイノベーションを創出することができれば、将来的に同様の問題に直面するであろうベトナムに対し、多くのソリューションを提供できるはずです。

そうやって双方の強みをお互いに認め合い、活用し合うこと、そんなウィン・ウィンの関係こそがベトナムビジネスにおいては求められるし、それこそが日本企業がベトナムで成功するための秘訣といえるでしょう。

◆2050年には日本経済と同レベルに!?

ベトナムの近況を簡単に紹介しましたが、次にデータからその全容をお伝えしていきたいと思います。

そもそも、私がベトナムを初めて訪れたのは1993年のこと。当時、ベトナムの人口は7118万人、1人当たりの名目GDPは185ドルという状況でした。数字を見ても明らかなように当時のベトナムには経済的な豊かさはなく、富裕層もほとんどいませんでした。道路の舗装状況も悪く、街中は常に砂埃で覆われているような状態でした。

こうした状況だったにもかかわらず、私がベトナムに注目し、自らアーサーアンダーセンベトナム（現・KPMGベトナム）に駐在し、すぐさまベトナムで日本人初のベトナム公認会計士資格を取得し、現地で日系初の会計系コンサルティングファームを立ち上げたのはなぜか。

それはひとえにベトナムの活気と勢いを肌で感じ、惹きつけられたからです。とりわけバブルが崩壊し、失われた30年に突入しはじめていた当時の日本と比すると、当時のベトナムの勢いには眩しさが感じられるほどでした。

経済成長が進み、今やベトナムの人口は直近の報道（２０２４年）では1億人に達し、１人当たりの名目ＧＤＰは４２８４ドル（２０２３年）に達しています。日本の１人当たり名目ＧＤＰが目減りしてしまっているのに比べ、ベトナムはこの30年で23倍も伸びていることになります。

また、人口に関しても、日本が減少フェーズに移行したのに対し、ベトナムでは依然として増加傾向が続いており、同期間中におよそ35%も増加しています。

もう少し詳細にベトナムの成長を見てみましょう。この10年、15年くらいのベトナムの実質ＧＤＰの伸びを見てみると、約６～８％成長といった水準になっています。対する日本はマイナス成長の時期もありましたし、成長するとしても1％未満といった感じでした。

コロナ禍にあっては、ベトナムでも当然、経済成長が鈍化しましたが、それでも2020年と2021年は約3％の成長を果たしています。これはオイルマネーがあるブルネイを除くと、東南アジアのなかでトップクラスの成長率でした。

そしてコロナ禍が収束しはじめた2022年には8％成長に復調、2023年は5％と鈍化したものの、2024年には持ち直し、1～6月期の推定値は6・42％成長と順調です（4～6月期だと6・93％成長とより好調）。

現地の報道などでも2023年末に社債大量償還の問題を乗り越えたことから、ベトナム経済が回復に向かいつつあるとの見解が目立っており、当面は堅実な成長が見込めそうです。

では、長期的にはどうなるのでしょうか。政府目標としては2030年までは7％成長、2030年～2050年も6・5～7・5％成長を果たしていくとしています。それにより、2025年までに下位中所得国を脱し、2030年までに上位中所得国、そして2045～2050年には先進国（高所得国）入りを果たすことを目標に据えています。

10年間、7％成長を続けると、複利効果で経済規模は2倍になります。すでに相当の経済規模になっているベトナムですが、あと10年で2倍、そして20年後には4倍、30年後には8倍になるというわけですから、1人当たり名目GDPも2050年には今の日本とほぼ同じ3万2000ドルを超える水準になりそうです。

むろん、あくまでも政府の目標なので、下振れる可能性も高いのですが、少し下がったとしても東南アジアのなかでトップクラスの成長をしていくのは間違いないと思います。日本の1人当たり名目GDPがこのまま鈍化したり、低下したりしていくと、ひょっとしたらそのころにはベトナムに追い越されているかもしれません。

こうしたデータからも、もはやベトナムが日本の〝裏庭〟ではないことがおわかりになるかと思います。

◆ベトナムが急伸した背景

ベトナムがこれだけ伸びた背景には、1979年の中越戦争が終結して以降、大きな地政学的なリスクが生じていないことがあります。

中越戦争以降はしばらく戦後の動乱のなかで経済が低迷していましたが、1986年のドイモイ政策（市場主義経済の導入）の開始を手始めに次々と効果的な経済政策を展開。

2007年にWTO（世界貿易機関）に加盟するなど、経済レベルに応じた政策を適切に講じ、FDI（外国直接投資）を巧みに取り入れながら成長を遂げてきました。

ちなみに、ベトナムにおいて証券取引所ができたのは2000年と、折しも私がベトナムに駐在しはじめた時期、そしてベトナムにおける日本人初の公認会計士になった時期と重なります。当時は税務会計のルールが未整備だったので、本当に証券市場が成立するのかと不安になるほどでした。

ところが、今やベトナムの上場企業数は730社を超えるまでに成長していますし、まだ上場していない会社を見渡してもユニコーンが4社も出てきています。

◆第1～第3次投資ブームの変遷

ベトナム経済の成長エンジンとなったのはやはりFDIでしょう。1990年代以降、ベトナムは安価な労働力が豊富にあることから製造拠点として注目を集め、日系企業も製造業を中心に進出しはじめました（第1次投資ブーム）。

そして、サービス分野が拡大しそうなタイミングでベトナムはWTOに加盟し、情報・建設・流通・環境・金融・保険・観光など計11のサービス分野で段階的に規制緩和を進めていきました。

当時はちょうど世界の工場として覇権を握っていた中国の地政学的なリスクが取り沙汰された時期。結果、チャイナ・プラス・ワンの流れが加速し、２００８年には認可ベースでＦＤＩが７１７億ドルに達し、第2次投資ブームと呼ばれるまでになりました。

また、２０００年代中盤からＩＴ人材が豊富であるということが注目され、オフショア開発が人件費の安さから急伸。ベトナムやアジアのマーケットを狙う戦略的拠点として、ベトナムに拠点を設ける製造業やＩＴ企業、さらにその他のサービス業も拡大していきました。

その後、リーマンショックの影響で２００９年のＦＤＩは認可ベースで２１５億ドルにまで急落、２０１１年ごろまでは低空飛行が続きましたが、２０１２年ごろから中小企業やサービス業などを中心に認可件数が復調し、２０１７年以降は第3次投資ブームの様相を呈しています。

コロナ禍では他国と同様、ＦＤＩもほぼ壊滅状態になりましたが、コロナ禍が収束してからは中国がアメリカとの対立を深めたり、ウクライナ危機や中東問題などで他地域の地政学上のリスクが高まったりしたことを背景に、ベトナムがますます注目を集めるようになっています。

ただし、2000年代に比べると人件費は倍近くになっており、もともとコスト意識だけで進出してきた日系企業は次々と撤退を余儀なくされています。

これからはたんに安くつくる、安くオフショア開発をするという企業ではなく、成長著しいベトナムマーケットを開拓できる企業や優秀なベトナム人の能力を引き出して高付加価値の事業を展開する企業が成功する時代になっていくでしょう。

◆FDIを取り込む巧みな外交戦略

近年で見ると、中国が外資規制を強化しているのに対し、ベトナムでは投資法の改正をこの10年で2回実施するなど、社会主義国でありながら外資に対する規制緩和を大幅に進めているのも特徴的です。

ASEAN諸国をはじめとした新興国でも、依然として国内保護を重視し、外資規制が厳しい印象があります。しかしベトナムは、はやい段階から外資に頼って成長してきた経緯もあり、そのあたりについてはかなりの先進性を持っています。政府として重視しているのかもしれません。

同じ社会主義国でありながら、中国のカントリーリスクが増し、外資系企業の撤退が加速している状況をよく研究し、同じ轍を踏まないようにしているのではないかと思えるほどです。いずれにしても中国からの撤退、拠点の移管は今後も続いていきそうなので、ベトナムへの投資熱もしばらくは継続することになるでしょう。

一方で社会主義国でありながら、中国やロシアのみならず、アメリカや日本とも良好な関係を構築しているのもベトナムの強みとなっています。

現に2023年9月10日にベトナムとアメリカは両国の関係を包括的戦略的パートナーシップに格上げしています。そもそも、国家間のパートナーシップには3段階があり、包括的戦略的パートナーシップはその最上位。従来、アメリカとは最下位の包括的パートナーシップを締結するに留まっていたので、異例の2段階の格上げということになります。

ちなみに、ASEANのなかでアメリカと包括的戦略的パートナーシップを締結しているのはベトナムのみ。アメリカとしてもベトナムに対して今後も積極的に投資を推進していきたいし、政治的な関係も深めていきたいという意思のあらわれともいえるでしょう。

また、アメリカ以外にベトナムと包括的戦略的パートナーシップを提携しているのは日本、中国、ロシア、インド、韓国、オーストラリアです。いずれもベトナムへの投資を積極的に推進し、アジア経済のなかでも重要な立ち位置を占める国々。この顔ぶれを見るだけでも、ベトナムのしたたかさをご理解いただけるかと思います。

◆FDIを下支えする日本

ＦＤＩに沸くベトナム経済ですが、その下支えをしているのは紛れもなく日本です。日本からのＦＤＩは常に上位に位置しており、約10年間、1位から4位を占めています。

それを裏づけるようにＪＢＩＣ（国際協力銀行）が実施した「わが国製造業企業の海外事業展開に関する調査報告」における有望国調査で、ベトナムは２０２２年で4位、２０２３年ではインドに次いで2位と上位に位置しています。

また、ＪＥＴＲＯ（日本貿易振興機構）の「海外進出日系企業実態調査」の今後の事業展開に関する項目でも、２０２２年はインドに次いで2位、２０２３年は4位と高い順位を維持しています。世界中の国々を対象にした調査において、この順位を維持できているのは注目度がかなり高まっていることのあらわれといえるでしょう。

ところで、２０２３年の大規模な投資といえば、三井住友銀行が関係当局からの許認可を前提に、ベトナムの民間銀行であるＶＰＢａｎｋの普通株式15％を第三者割当増資により、総額35兆９０００億ドン（当時のレートで約１８３１億円）で取得したことが記憶に新しいところです。

先述したとおり、製造業やＩＴ、そして小売やその他のサービス業の進出が続くなか、近年ではこうした金融業の進出も目立つようになりました。少し前になりますが、２０２０年にはあおぞら銀行もＯＣＢ（Orient Commercial Joint Stock Bank）というベトナムの民間銀行に15％出資しており、現在は日系企業のベトナム進出支援などに力を入れています。

◆３０００～４０００社の日系企業が活躍中

こうした状況の下、ベトナムではすでに多数の日系企業が活躍しています。現地の日本商工会議所の加入状況を見ると、合計約２０００社（ホーチミン日本商工会議所が約１０５０社、ベトナム日本商工会議所〔ハノイ〕が約８００社、ダナン日本商工会議所が約１５０社）となっています。実際には入会していない事業者もいるので、ベトナムにはおよそ３０００～４０００社の日系企業が存在すると思われます。

私はI－GLOCALという日系初の会計系コンサルティングファームをホーチミン市とハノイ市を拠点に展開しており、1000社超の顧客を抱えています。これだけ多くの日系企業が進出し、多様なビジネスにチャレンジしてくれているおかげで、私たちのようなコンサルティングファームも成功、失敗を問わず、多くの知見やノウハウを蓄積することができましたし、それゆえにこれから進出する企業に対しても確度の高いアドバイスができるようになりました。

当社に限らず、こうした事例が多数あり、コンサルティング環境が整っているところもまたベトナムを投資先として選びやすいポイントになっているのかもしれません。

◆中間層の拡大による市場性の成長

もっとも、これだけベトナムが投資先として支持されている最大の要因は、なんといってもベトナムの市場性にあります。消費財市場のマーケットも着実に成長しており、マッキンゼー・アンド・カンパニーのレポートによると、2030年までにベトナムでは新たに3600万人が消費階層（中間層）に加わると予想されているほどです。

機を見るに敏とばかりに、日本からも2020年にはユニクロや無印良品が進出して好調ですし、2023年末にはニトリが進出しました。また、今やベトナムの小売市場においてなくてはならない存在になっているイオンや高島屋も順調に成長しており、日系企業のテナントの受け皿、プラットフォームとしての役割を担うまでになっています。

特にイオンのショッピングモールやスーパーマーケットは成長著しく、まだまだ増えていきそうです。各地に展開されたイオンモールはたんに商業施設としてではなく、家族連れが休日を楽しむ絶好のレジャースポットとしても機能しています。第2章で詳述するDream Gamesがイオンモール内で設置・運営を手掛けるアミューズメント施設はその好例で、着実にベトナムにおけるアミューズメント・レジャー業界を盛り上げています。

また、そのほかにも中間層の拡大を受けて、教育や医療に関するビジネスも盛り上がりを見せています。不動産業界は汚職による逮捕が相次いだことで、新規ライセンスの発行が滞ったり、コロナ禍によって工事が遅れたりしたことで市場そのものが停滞していましたが、ここにきて復調の兆しが見られるようになっています。

◆「中所得国の罠」をいかに回避するか

しかし、中間層の拡大を視野に入れるのであれば、一方で「中所得国の罠」をいかに回避するか、ということも念頭に置かなければなりません。「中所得国の罠」とは、経済発展により1人当たりGDPが中所得域に達した後、発展パターンを転換することができず、成長が著しく鈍化してしまうことを意味しています。過去にはアルゼンチンやブラジル、チリ、マレーシア、メキシコ、タイなどがその罠に陥ったといわれています。

「中所得国の罠」から抜け出すには、一般的に①生産および雇用の重点化・高度化、②技術革新の推進、③熟練労働者の教育制度の変革（技術習得から新たな商品やプロセスの創造に転換）、が重要であるとされます。また、アジア開発銀行は「中所得国の罠」に陥った国では輸出製品が一次産品や労働集約的なものに留まり、多様化・高度化していないことを指摘しています。

ですが、ベトナムに関しては先述したように、人材が順調に育っており、IT分野ではすでに高度化の壁を乗り越えた印象があります。製造分野についてはまだまだ労働集約型のビジネスモデルから脱することができていませんが、成長著しいIT分野がイノベーションを牽引すれば、ベトナム政府が先進国入りを目指している2045～2050年までには製造分野においても劇的な進化を成し遂げられるのではないでしょうか。

◆ベトナムが誇る豊富で優秀な労働力

市場性に通じるところでもありますが、豊富で優秀な労働力もベトナムの大きな魅力のひとつです。人口減が急速に進む日本にとって、これは喉から手が出るほどほしい要素といえるでしょう。

ベトナムの人口はすでに1億人に達している上に平均年齢が31歳程度と若く、労働力の確保が比較的簡単という側面があります。人件費が上がってきているといっても、日本に比べるといまだに安価で、かつ優秀な人材が多いということもあります。特にＩＴ人材については国策による支援が盛んで、ますます優秀な人材が増えている状況です。

その上、勤勉で親しみやすいといった国民性も日本人に通じるところがあり、日系企業にとってはパートナーシップを結びやすいとされています。仕事においても一定数は周囲の様子を気にかけたり、周囲をフォローしたりする人材が見受けられますし、そういった人材はレガシーな人事システムに則った日系企業でも受け入れられやすく、成長を遂げやすい傾向があります。

もちろん、ベトナムにおいても個人主義がさらに台頭していくことは間違いないので、時代に即した人事システムを取り入れることが急務になってはいます。しかし、根幹的な部分が似通っているというのは双方にとってあらゆる面でプラスに働くはずです。

◆多くの人を惹きつける魅力的な住環境

住環境が良好という点も、ベトナム進出が進む大きな要素のひとつです。経済やビジネスが急伸していても、住環境が悪い、食べ物がおいしくない国・地域はあまり人気が出ませんが、ベトナムにおいてはその両面の満足度が高く、ドイツの調査会社であるインターネーションズが発表した「駐在員が住みやすい・働きやすい海外居住地のランキング」(2024年版)で、ベトナムは53カ国・地域中8位に入っています(前年は14位)。この調査は53カ国・地域で働く1万2500人が「個人のお金」「生活の質」「仕事」「必需品」「定住しやすさ」の5分野を評価した結果にもとづくものです。ベトナムは特に「個人のお金」の評価が高く、4年連続1位となっており、回答者の86%が生活費について満足と回答しています(世界平均は40%)。

そのほか、同調査においては「仕事」(14位)と「定住しやすさ」(13位)も高く評価されていることからも、ベトナムの住環境の良さがうかがえると思います。

実際、その住み心地は実に快適です。本章の冒頭で述べたようなＩＴ活用による利便性向上はもちろん、教育環境も非常に良く、今やベトナム人の英語力は日本を超えたとされるほどです。実際、公立学校でありながら小学生のころから英語のみで授業を行うところもあるなど、熱心な教育が行われており、子どもたちもグローバルな環境で能力を伸ばすことができています。

利便性という観点では、交通インフラの成長も重要なポイントです。日本のＯＤＡ（政府開発援助）が使用され、清水建設や前田建設、日立製作所などによって開発が進められている都市鉄道、ホーチミン市1号線も完成が延びに延びているものの、２０２４年中にはようやく開業する見込みとなっています。

これが誕生すれば、ホーチミン市の市街地にあり、観光地としても絶大な人気を誇るベンタイン市場から郊外にある人気のレジャースポット、スイティエン公園までの19・７㎞が便利に行き来できるようになります。

なお、ハノイ市では２０２１年に中国の支援によってベトナム初の都市鉄道として２Ａ

号線（全長13・1㎞、ドンダー区カットリン～ハドン区イエンギア）、そして3号線（全長12・5㎞、ハノイ～北トゥーリエム区ニョン）の一部区間が開業しています。

ホーチミン市にしてもハノイ市にしても朝夕の交通渋滞は日本の比ではないし、道路からあふれるように走っているバイクによる交通事故も社会問題になっています。当然、排気ガスによる都市公害の影響も甚大です。都市鉄道の完成がこうした課題の解消に一役買うのは間違いありませんし、そうすることで都市の価値、住みやすさがさらに向上すると思われます。

◆地政学的リスクの少なさにも注目

先述しましたが、地政学的に安定している点にもあらためて注目しておきたいと思います。

ベトナムは中国だけでなく、他のASEAN諸国と比べても地政学的に安定しています。実際、ミャンマーのようにデモが日常的に行われることもなければ、フィリピンのように政治情勢が揺らぐこともありません。共産党の一党独裁政権でありながらも、国民感情のガス抜きがうまく、中国のようにSNSをむやみに規制するようなこともありません。

といっても、カントリーリスクに関して絶対に安心ということはいえません。事実、ここ数年は要職に就く政治家や実業家の更迭などが相次いでいる観もあります。が、それでもFDIで成長してきた自覚を持ち、他国との協調を重んじている姿勢は一貫しているので、おいそれとおかしな方向に舵を切ることはないはずです。

そして、何より日越関係が良好である点も重要です。日本が官民を問わず、多額の投資をしていること、日系企業が多数進出していることだけでなく、近年は多くのベトナム人が来日し、勉学にいそしんだり、仕事に励んだりしています。その数は今や56万5000人に達しているといわれており、国籍別の在留外国人の数では中国に次いで2番目に多い数字になっています。

日本政府ならびに日本人が適切な対応をすることが大前提になりますが、これだけ多くのベトナム人が日本で暮らしていることは、今後の日越関係において大きな礎になっていくはずです。

◆ベトナム進出時の注意点

本章の締めくくりとして、実際に進出する場合の注意点についても端的に述べておきたいと思います。

まず進出形態としては、もともとは製造業がベトナムで製品をつくり、日本に送るのが主体だったので、かつては独資でもまったく問題がありませんでした。

ところが今は、戦略的にベトナムのマーケットを狙っていかなければならない時代です。ベトナム企業と合弁し、もともとその会社が持っているノウハウや流通網を活用する進出企業が増えています。

事実、計画投資省外国投資庁（ＦＩＡ）が発表したデータによると、２０２３年のＦＤＩ認可額は前年比32％増の３６５億９０００万ドルに達したとのこと。Ｍ＆Ａのみならず、新規投資・追加投資の認可額も含まれますが、すさまじい伸びです。

また、国別認可額ではシンガポールが約68億ドル、続いて日本、香港、中国、韓国、台湾となっていますが、これら６カ国・地域だけで２０２３年の外国投資資本の81・４％以上を占めています。そのうち、Ｍ＆Ａによる出資・株式取得額を見ると、シンガポールが

22億ドル、日本が29億ドルとなっており、日本からの投資金額が全体のトップとなっていることがわかります。

ただ、ベトナムでのM＆Aについては、手続き面などでいくつか注意が必要です。まず頭に入れておいてほしいのが、M＆Aの場合であっても、買収や増資手続きにおいて外資規制のチェックが行われるということ。これには新規設立と同様の時間がかかることが多いので、「M＆Aにより行政手続きの時間が短縮できる」ということはほとんどありません。

また、当然ながら既存の会社のリスクを引き継ぐことにもなるということも念頭に置いておかなければなりません。そのため、デューデリジェンスをした上で別の新法人をつくってもらい、そちらに事業譲渡をするというケースもしばしば目にします。

そのほか、ベトナムマーケットの攻略のために現地企業と合弁するケースも多々ありますが、時間が経つにつれて意思疎通が難しくなり、事業運営に支障をきたすケースがしばしばあります。少なくとも株主間契約などでの取り決めはしておくべきですし、できればどちらが主に事業責任を負うのかがわかりやすい形で持分や権利義務を決めておくことが肝要です。その上で、ベトナムや合弁先に「情熱」を持って向き合い、きちんと関係性を維持していくことが重要になってくるのです。

いずれにしても、ベトナムでどういったビジネスを展開したいのかによって必要となる許認可は異なりますし、税務や法務面においても大きな違いや気を付けなければならない点は多くあります。そのあたりについては私たちのようなコンサルタントにあらかじめ相談の上、万難を排して臨んでほしいと思います。

資金調達に関しては、ほかの新興国と同様、依然として難易度が高い状況にあります。たとえば、ベトナム現地の銀行からローンを組むなどして資金調達しようとしても、現地法人の与信の問題や高金利といった壁にはばまれて、思うように進めることはできないでしょう。

そういったときに注目してほしいのが増資や親子ローンです。日本の親会社がベトナムの子会社に増資したり、融資したりするスキームのことで、それを前提に日本の金融機関から資金調達をすることも可能です。

むろん、それには日本の親会社の信用力が欠かせませんが、ベトナムで資金力を持ってビジネスを進める場合にはこの手法がもっともスムーズかと思います。

また、ベトナムへの送金は容易ですが、ベトナムから日本や他国への送金は厳格な外貨管理の下、中央銀行管轄の法令チェックなどがあるため、やや煩雑になることも念頭に置いておく必要があります。

そのほかにも、ベトナムビジネスにはさまざまな困難があります。労働コストの上昇や為替変動、行政手続きの煩雑さ、他社との厳しい競争などにはしっかりと対処しながらビジネスをしていかなければなりません。

ただ、それは日本だろうが、他国だろうが同じこと。クライアントと話していてもよく言われることですが、そういった課題はあるとしても、「他国と比較しながら市場性やビジネス環境、カントリーリスクを精査していった結果、最終的にベトナムが選択肢として残った」ということが多いようです。

ベトナムに限らず、海外投資というテーマになると、盛んにリスクを引き合いに出す方がいます。

しかし、冷静になって考えてみてください。そして、自身の胸に手を当て、人口減少が続く日本において、このまま国内ビジネスを保守的に展開していくことにリスクはないのかと自問してみてください。

海外進出にリスクがあるのは当然ですが、そこにはリスク以上のチャンスや可能性があるはずです。第2章以降ではいくつかのテーマごとにその業界動向とあわせて、日系企業の具体的な取り組みについて紹介していきます。まずは本書を通して、先人たちの果敢なチャレンジから大いに刺激と学びを得ていただければと思います。

〈付録〉ベトナムのことを５分で大摑み!!

●人口・面積

ベトナムの面積は約33万㎢と日本の約０・88倍で、人口は約１億人。国土は南北に約１６５０㎞と細長く、北に首都で政治都市のハノイ市、南に商業都市のホーチミン市という二大都市を抱えています。この２つの都市はそれぞれ空港を持っており、成田空港や羽田空港からも簡単にアクセスすることができるようになっています。

●民族

ベトナムの人口のおよそ９割はキン族が占めていますが、残りは53の少数民族で構成されています。共通言語はキン族の言語であるベトナム語で、全国民に対してベトナム語による教育が行われています。近年、英語のレベルが急伸しており、ＥＦ（イー・エフ・エデュケーション・ファースト）が２０２３年11月９日に発表したＥＦ ＥＰＩ英語能力指数によると、ベトナムは58位（非英語圏１１３カ国・地域中）

となっています。これは標準的とされる水準ですが、中国の82位、日本の87位に比べて高い水準にあります。

●宗教

ベトナムの主な宗教は日本や中国、韓国と同じく大乗仏教で、キン族の大半が信仰しています。「大乗」とは大きな乗り物を意味しており、すべての人の救済をするための教えであることを示しています。

若年層の間では徐々に信仰心が薄らいできているものの、今も多くの人たちが熱心に寺院を参拝したり、家や店舗に仏壇を置き、きれいに祀ったりと、全体的に信仰心が篤いように感じられます。信仰のスタイルとしては仏教に儒教と道教が融合したようなものになっており、葬儀や法事などは儒教のスタイルで行われることが多いような印象です。

なお、その他の宗教はカトリックが多く、街中にはサイゴン大教会をはじめ、観光スポットになっている美しい教会が多数存在します。他方、山地の少数民族はアニミズム、南部のクメール人は上座部仏教（タイ、ミャンマー、スリランカ、カンボジア、ラオスなどで信仰されており、戒律を重視する傾向が強い）、南部のチャム族はヒンドゥー教やイスラム教を信仰する傾向があります。

●都市

・ホーチミン市　※中央直轄市（省と同レベルの行政区で、日本の政令指定都市と同義）

人口規模は約９４６万人（２０２３年）と多く、かつまだ成長途上にある雰囲気が漂っていて働き手も集めやすいのが特徴。ただし、市内はすでに飽和状態かつ環境規制などの問題で、製造業関係の工場を建てることができなくなっています。そのため、工場の多くは市郊外や周辺地域に集中するケースが増えているのが現状。

ですが、ＩＴをはじめとしたサービス業関係の企業は大規模な土地を必要としないし、最近はレンタルオフィスなども増えてきているため、好立地で気軽に開業できるようになってきています。

・ハノイ市　※中央直轄市

北部にある首都で、政治都市といった印象が大。ホーチミン市に比べて都市化は緩やかですが、それでも人口は約８５９万人（２０２３年）と多く、市場性は十分。また、国や政府の機関が集中しているので、行政とのやりとりが便利といった利点もありますが、一方でホーチミン市に比べて規制が厳しい部分もあります（ベトナムの場合、地域によって法令順守の度合いが異なる傾向にあります）。

・**ダナン市　※中央直轄市**

中部最大の都市であり、世界的な人気を誇るミーケビーチや五行山（マーブルマウンテン）などで有名。人口もホーチミン市、ハノイ市、ハイフォン市に次いで多く、進出先としても注目されており、観光業はもちろん、製造業やIT企業の進出も目立っています。なお、周辺に「フエの建造物群」「古都ホイアン」「ミーソン聖域」「フォンニャ・ケバン国立公園」といった4つの世界遺産が存在することも、観光地としての魅力を底上げしています。

●戦争とドイモイ政策

ベトナムでは1975年にベトナム戦争が終結した後も、ベトナム・カンボジア戦争、中越戦争が相次ぎ、国際的に孤立状態になっていました。国際社会からの圧力に加えて、国内でも農業合作社の失敗などで社会主義経済が行き詰まっていました。

　こうしたなか、1986年からはじまったのがドイモイ政策です。ドイモイとは刷新を意味する言葉で、1986年の第6回ベトナム共産党大会においてこの政策が宣言され、①思考の刷新（従来の社会主義路線を変更）、②経済発展戦略の刷新（重工業優先から農業重視への転換など、産業政策の見直し）、③経済体制の刷新（計画経済から市場経済原理を取り入れた混合経済体制へ移行）、④対外戦略の刷新（国際協力への参加を推進）、というスローガンの下、市場経済が導入され、今日の成長の礎を築くに至りました。

●日本の対越ODA（政府開発援助）

　ホーチミンの都市鉄道に限らず、日本はベトナムを長年にわたって援助し続けてきました。その累計総額は3兆円を超えており、カイラン国際港、ハノイ～ハイフォン間幹線道路、ハイバン峠トンネル、ダナン国際港、ホーチミン市東西幹線道路などの大規模なインフラ整備を支援してきました。

　2024年現在、ベトナム政府はハノイ市とホーチミン市を結ぶ高速鉄道計画を含む戦略的大型交通インフラプロジェクトの推進のため、日本にODAを要請しています。

第2章
中間層とともに急拡大するアミューズメント・レジャー市場

ダナン三日月ジャパニーズリゾート＆スパの遠景

◆ベトナム人の心を摑む日本のアニメやゲーム

所得水準が高まり、中間層が拡大したことによって、多くのベトナム人がアミューズメントやレジャーに興じるようになりました。その代表的なものがアニメやマンガといったコンテンツです。

実際、ホーチミン市やハノイ市といった都市部の書店を訪ねてみると、日本のマンガがかなりのスペースを占めていることがわかりますし、もはやコミックといえば日本のマンガと認知されているくらいです。ホーチミン市などは歴史的にも欧米文化が長年にわたって根付いている地域ですが、それでも書店を覗いてみると、コミックコーナーでアメコミなどが占めるスペースはほんの一部で、ほとんどが日本のマンガです。

しかも、今や『ドラえもん』などの往年のヒット作品だけでなく、『鬼滅の刃』や『呪術廻戦』のように日本でもここ数年でアニメ化され、現在も大ヒット中の作品なども翻訳版が書棚にズラリと並んでいるのです。

このように日本とベトナムとでアニメやマンガの販売・配信の時間差が埋まった背景に

は「Ｎｅｔｆｌｉｘ」といったグローバル規模の動画配信サービスの台頭があります。

実際、ベトナムでＮｅｔｆｌｉｘのアプリを立ち上げ、アニメのカテゴリーをクリックすると、表示される作品の大半が日本のアニメであることがわかります。日本人にとっても馴染みがあるスタジオジブリ作品のほか、『鬼滅の刃』や『呪術廻戦』はもちろん、日本で放映中のアニメ作品なども目白押しで、日本で暮らしているのと同じ感覚で日本のアニメに触れることができます。ここから、ベトナムのＮｅｔｆｌｉｘにおいても日本のアニメが上位にランキングされていることが見て取れます。

若い在留ベトナム人に話を聞くと、多くの人たちが日本のアニメやマンガにあこがれを抱いて来日したことがわかりますが、それもそのはず、今や日本のアニメやマンガはベトナムの若者たちにとって非常に身近な存在なのです。特に最近は日本ならではの文化を前面に押し出した作品が増えているので、アニメやマンガを通じて、日本に興味を持つ若者も増えているような感じがします。

とはいえ、ベトナムでは著作権に対する認識がまだまだ甘く、いわゆるコピー商品が数多く出回っているのも事実です。書店や玩具店で何の気なしに販売されているぬいぐるみやストラップなどの雑貨をよく見てみると、その顔立ちがオリジナルのものとだいぶ異なることがあります。なかにはサンリオのキャラクターのはずなのに、ストラップやタグにディズニーと記載されているものまであったりします。

また、何となく立ち寄った書店では、見覚えがあるキャラクターの石膏像が白地のまま販売されていて、それを隣接するカフェで自ら絵付けをして持って帰るというサービスまで提供されていました。これもおそらく著作権に関して正規の手続きをとっていないものと思われますが、休日だったこともあってか、若いカップルや家族連れで大いににぎわっていました。

一方、オリジナルの著作物への敬意やあこがれも着実に広がりを見せつつあります。そのあたりの動向については、後述するＴＡＧＧＥＲの事例を通して感じ取ってもらえればと思います。

ところで、ベトナム人たちの心を摑んでいるのは日本のアニメやマンガだけではありません。ゲームセンターをはじめとした日本のアミューズメント施設もまた、若年層を中心に絶大な支持を集めています。

実際、週末のイオンモールに足を運ぶと、大勢のベトナム人の家族連れが買い物や食事を楽しんでいる姿を目にすることができます。大型のショッピングモールで買い物と食事、そしてゲームをはじめとしたアミューズメントを楽しむ――。この流れはもはやベトナムにおける中間層、特に家族連れにとっての日常風景なのです。

ベトナムのアミューズメント産業においては、日系企業のDream Gamesがイオンと協調しながらビジネスを展開しているので、こちらも後ほど詳述したいと思います。また、日本のＧＥＮＤＡが運営するゲームセンター「ＧｉＧＯ」も進出を発表しました。

◆中間層の拡大とともに観光産業も順調に成長

続いて、レジャーの中核を担う観光産業について紹介していきたいと思います。

ベトナム統計総局によると、２０２３年の海外からベトナムへの訪問者数（推定）は１２６０万人で、前年の３・４倍に増加し、政府が定めた当初の年間目標（８００万人）を大幅に上回りました。コロナ禍前（２０１９年）の１８００万人には届かなかったものの、今後もその勢いは拡大していくものと思われます。

現にホーチミン市やハノイ市の街中を歩くと、驚くほどさまざまな国籍の人たちに出会います。欧米人はもちろん、中国人や韓国人、さらには日本人の姿を見かけることも増えてきました。さらに近年はインバウンドの増加や国内の中間層の拡大を背景に、ホーチミ

ホイアンの情緒あふれる街並み

ン市やハノイ市といった中心地だけでなく、地方のリゾート都市や観光都市も世界的に人気を集めています。

ベトナムのリゾート・観光都市の筆頭といえば、中部にあるダナン市です。

製造業の拠点としても知られていますが、世界的に有名なミーケビーチがあることもあり、このビーチ沿いにはハイアットリージェンシーダナンリゾート＆スパ、インターコンチネンタルダナンサンペニンシュラリゾートといった外資系の5つ星ホテルのほか、ベトナム最大級のコングロマリットであるビングループが経営するヴィンパールラグジュアリーダナンなどのローカル資本による5つ星ホテルなどが軒を連ね、国内外の観光客で連日、にぎわいを見せています。
また、２００８年には環境都市宣言を行い、環境に配慮した都市づくりに取り組んでいます。世界一を決める花火大会やトライアスロンなど、年間58種類もの観光イベントが開催されているのも魅力的です。

ダナン市には観光のハブとしての魅力もあります。周辺に「古都ホイアン」のほか、「フエの建造物群」や「ミーソン聖域」「フォンニャ・ケバン国立公園」といった世界遺産があるからです。

なかでもホイアン市はダナン市から南に約30㎞とアクセスが良好。かつて貿易で栄えた旧市街の古い街並みには中国風の木造建築が立ち並んでおり、古き良きベトナムの姿を想起させます。夜になると色とりどりのランタンが街を照らし、幻想的な雰囲気に。その光景は世界中の人たちのあこがれの的になっており、多くの観光客でにぎわっています。

ちなみに、ホイアンの旧市街は朱印船貿易の拠点としても知られており、かつては日本人街が形成されていました。１５９３年に造られたとされる来遠橋（日本橋）はその象徴的な存在であり、日本人だけでなく、世界中の観光客に親しまれています。

ベトナムで人気の観光地は何もダナン市だけではありません。日本ではあまり知られていませんが、国内に点在するほかのリゾート地も好調です。たとえば、ベトナム南西部にあるフーコック島は国内外の旅行者から絶大な人気を誇るリゾート地で、ここにはビングループが手掛けるテーマパーク「ヴィンパールランド」が立地しています。また、近年は同じくヴィンパールランドが立地するニャチャンにもインバウンドやベトナム人たちが押し寄せています。

ダナン市にも共通しているところですが、こうしたリゾート地の魅力はなんといっても風光明媚な景観と上質なホテルです。そのため、どのリゾート地にも外資系の超有名ホテルが軒を連ねているわけですが、ここにきて不退転の決意で進出を果たしたホテル三日月グループが見事に差別化に成功し、プレゼンスを高めています。

同社のベトナムビジネスはまさに「情熱」、そして「愛」に満ちたものになっているので、本章の事例ならびに巻末座談会で詳述させていただきます。

アニメキャラクターを通して子どもたちに笑顔を届ける

――ＴＡＧＧＥＲ（タガー）

◆ベトナムにおける『ドラえもん』ブームの火付け役

本章の事例として、まずはキャラクタービジネスで活躍する日系企業に注目したいと思います。

ベトナムにおいても著作権の意識は年々、高まってきており、正規品も着実に流通するようになってきました。その最たるものが『ドラえもん』です。しかし、実はベトナムでは長年にわたって、『ドラえもん』のマンガは販売されているものの、アニメが放映されていない状態が続いていたそうです。

この状況に風穴を開け、ベトナムで『ドラえもん』ブームを巻き起こし、その後の日本アニメブームを切り拓いた人物がいます。ＴＡＧＧＥＲの創業者であり、グループ代表を務める宮本洋志さんです。

現在、ＴＡＧＧＥＲはベトナムでアニメやマンガのキャラクターの版権管理を手掛けて

イベント興行などでも多様なキャラクターを取り扱っています

いるほか、キャラクター関連のイベント興行やグッズの商品化、映画配給・映像配信およびローカライズなどの事業を展開しています。取り扱っている版権は『ドラえもん』『ワンピース』『ドラゴンボール』『名探偵コナン』『クレヨンしんちゃん』、サンリオのキャラクターなど多岐にわたります。

◆空港で見た子どもたちの笑顔に惹かれて

もともと玩具メーカーのセガトイズ（現・セガ フェイブ）に勤めていた宮本さんがベトナムを初めて訪れたのは、2009年1月のことでした。

「仕事に行き詰まりを感じ、知人を頼りにベトナムを訪ねたところ、空港で見た子どもたちの笑顔に惹かれ、この子たちがもっと笑顔になり、幸せになる社会をつくりたい」と直感。「あなたは人を喜ばせるために生まれてきたのよ」という母親の言葉を糧にしてきた宮本さんにとって、この空港での直感が人生の転機になりました。

思い立ったが吉日とばかりに、宮本さんはわずか2カ月後の3月にベトナムに移住。しかし、当時の宮本さんはアニメやマンガなどのコンテンツには特に関心を持っていませんでしたし、リサーチもしていませんでした。

ですが、子どものころから大切にしている「挑戦するか、しないかだったら、絶対に『挑戦』を選択する」という信念の下、ひたすらビジネスチャンスを探し続けたそうです。

そのなかで、宮本さんが着目したのが『ドラえもん』でした。「多くのベトナム人にとって『ドラえもん』はマンガにしか存在しないキャラクターだった。しかし、ベトナムの人たちは日本人を見ると、『トヨタ』や『ホンダ』『味の素』などと同じように『ドラえもん』と声をかけてくれる。であれば、『ドラえもん』がテレビCMなどで『歯磨きしようね』といったメッセージを発すれば、子どもも親ももっと喜んでくれるのではないかと想像を膨らませた」と宮本さんは言います。

それからというもの、宮本さんは著作権のことやベトナムでの『ドラえもん』の扱われ方などを徹底的にリサーチ。すると、『ドラえもん』のぬいぐるみなどは数多く存在していたものの、その大半がコピー品だったことが判明したそうです。

こうして宮本さんは2009年から著作権ライセンス事業を手掛けはじめ、TAGGERの前身となる会社を数人で設立（TAGGERの設立は2013年）。『ドラえもん』がもっと正しく活用され、ベトナムの子どもたちに喜んでもらえるように、日本側の著作権者とベトナムの事業者をマッチングしたり、事業者に著作権の重要性を説いたりする活動を展開しはじめました。

◆テレビCMや映画で『ドラえもん』の魅力を届ける

とはいえ、当時の宮本さんには資金力もなければ、ベトナムでのコネクションもさほど多くはありませんでした。そこで、まずはベトナムに進出している日系企業に『ドラえもん』を活用してもらおうと、日系企業向けのビジネス雑誌に広告記事を出し、掲載誌を駐在員に配布。結果、いくつかの企業が興味を示し、ベトナムにおける『ドラえもん』のキャラクターライセンス契約を締結するに至りました。

そのひとつが味の素で、ベトナムで『ドラえもん』を活用したテレビCMを放映することに。ストーリーは子どもたちが「あれほしい！」と言うと、ドラえもんが四次元ポケットからいろいろな食べ物を出し、最終的にお母さんが味の素のマヨネーズを出して、皆が喜ぶというもの。

実写とアニメの融合により、出演した親子と『ドラえもん』がコミュニケーションを取ったことが話題となり、ベトナムにおける『ドラえもん』のキャラクターライセンス契約が加速するきっかけになったそうです。

その後、宮本さんはベトナムにおける『ドラえもん』の映画配給も手掛けていきました。2013年にはベトナムで初の『ドラえもん』の映画シリーズを公開し、2014年にはそのプロモーション活動の一環として、イオンモールでベトナム初となるステージショーを実施。

「そのイベントの際に小さな女の子から『今日はドラえもんに会えてうれしかった。私もいつかドラえもんになって、お母さんや家族を助けたい』と綴られた手紙を受け取った。そのときに自分たちが歩んできた道が正しかったと確信することができた」と宮本さんは笑みをこぼします。

映画とステージショーはベトナムでの『ドラえもん』ブームをさらに加速させていきました。

「2013年に公開した映画の観客動員数は3万5000人くらいでしたが、今では115万人を超えるまでになっている。日本での動員数は350万人を超えてきているが、ベトナムもかなり迫ってきている」と言います。そして、その背景には「ベトナムの中間層が拡大していること、プロモーションイベントが奏功したことなどがあるが、何よりも『ドラえもん』をはじめとした日本のアニメがさらに愛されてきたことが大きいと思う」

と宮本さんは話します。

実際、ＴＡＧＧＥＲが映画配給やキャラクターライセンス契約を手掛けている『ワンピース』や『名探偵コナン』といったコンテンツは、日本に負けず劣らずの人気ぶりで、年を追うごとにファンの数を増やし続けています。

◆ぬいぐるみやグッズのクオリティアップに尽力

テレビＣＭや映画などとあわせて、宮本さんが力を入れたのがぬいぐるみの制作でした。そこには宮本さんの「正規のぬいぐるみをベトナムの子どもたちに届けたい」という思いがありました。

ベトナムでは当時からさまざまなキャラクターのぬいぐるみが製造されていましたが、造形も含め、そのクオリティは決して高いとはいえませんでしたし、『ドラえもん』に限らず、コピー品が多数出回っていたからです。

そこで「工場で働いているワーカーさんたちに『自分たちの子どもたちに誇れるようなものをつくり、子どもたちに喜んでもらおう』と呼びかけ、自分の仕事に誇りを持ってもらうことで、クオリティの向上に努めていった」と宮本さん。この宮本さんならではの「情熱」に満ちた表現は見事にワーカーさんたちの心を打ち、仕事に取り組む姿勢も大きく変わっていったそうです。

　そして、その上で「ドラえもんの目の色ひとつとっても、その色は単純な黒ではなく、著作権者のレギュレーションの下、厳密にカラーリングが指定されている。そのあたりをあらためて共有し、精緻なものづくりに努めた」と宮本さんは話します。

努力の末にクオリティが向上した『ドラえもん』のぬいぐるみやグッズ

　しかし、いかに良質なぬいぐるみをつくったとしても、巷にはまだまだ多くのコピー品が出回っています。そのため、宮本さんは『ドラえもん』の映画の公開や『ドラえもん』の誕生日（9月3日）に合わせ、限定品を販売するなどしてさらなる差別化をはかるとともに、消費者にそのプレミアム感を訴求。さらに、卸売業者や小売店に対してもコピー品を入荷・販売しないように頼んで回り、著作権に対する意識の醸成に努めていきました。

こうした取り組みが奏功して、徐々に正規のぬいぐるみが消費者に歓迎されるようになり、今やその取り扱い店舗数は250店舗にまで拡大しています。

もっとも、ここまで『ドラえもん』が受け入れられた背景には「子どもを愛するベトナムの文化があるかもしれない」と宮本さんは分析します。

「親たちは『子どもこそが自分たちの未来』という意識を持って、愛情深く子どもたちに接しているし、それゆえに子どもには教育や娯楽を惜しみなく与えている。実際、ベトナムの映画興行が全体的に落ち込んだ時期にあっても、子ども向けのアニメ映画の動員は好調で、関連するぬいぐるみをはじめとしたグッズの売上も順調に拡大していた」と宮本さんは話します。

◆『ドラえもん』がベトナム史上もっともヒットしたアニメ映画に

宮本さんたちが2009年からコツコツと著作権ビジネスを展開してきたこともあって、

ベトナムにおいてアニメやマンガを愛する年齢層も順調に拡大しています。今では子どもたちだけでなく、若者たちも日本のアニメやマンガに関心を示しており、ファッションや雑貨などの業界でもキャラクターとのコラボなどが次々と進展しています。

だからこそ、今後は「キャラクターグッズを通じて、子どもや若者たちに新たなメッセージを送ったり、ライフスタイルを提案したりしていきたい」と宮本さん。

それとともに「これまでの10年は日本のコンテンツやキャラクターをいかにベトナムに届けるかということに専念してきたが、今度は自分たちがプラットフォーマーになり、より多くのコンテンツやキャラクターを発信したり、メーカーとのコラボでアトラクションを展開したり、カードゲームやボードゲームなどを開発したりしていきながらコト消費を創出していきたい」と話しています。

2024年にはその集大成ともいえる出来事がありました。TAGGERが配給した映画『ドラえもん　のび太の地球交響楽』が公開10日間で130万人を動員し、ベトナム史上もっともヒットしたアニメ映画になったのです。「藤子・F・不二雄生誕90周年を記念した素晴らしい作品が、海を越えてベトナムの人たちに届き、喜んでもらえたことが本当にうれしい」と宮本さんは満面の笑みを浮かべます。

◆自身の生い立ちや家庭がビジネスの原動力に

数々の課題を乗り越えてきた宮本さんですが、はたしてそのバイタリティの根源はどこにあるのでしょうか。

聞けば、宮本さんの父親はプロ野球選手の宮本洋二郎さんで、宮本さんが高校生になるくらいまでは常に「宮本洋二郎選手の子ども」というレッテルに悩まされ、自身のアイデンティティを見失いかけていたそうです。

ところが、青年期になり「自分の物語をつくりたい」と思い立った宮本さんはアメリカ留学を夢見て、英語の猛勉強を開始。アメリカ留学の夢は頓挫してしまったものの、「自分の物語をつくりたい」という思いを貫き続けることで、ベトナムでの事業を見事に発展させていったのです。また、ベトナム人の女性と結婚した宮本さんは「『ベトナムの子どもたちに喜んでもらいたい』という思いをより強くした」と言います。

だからこそ「どんなに苦しいときでも『このコンテンツやグッズが世に出たら、多くの子どもたちが喜んでくれる』と想像すれば前向きになれる」と宮本さん。そして「日本のアニメキャラクター商品市場が6000億円くらいであるのに対し、ベトナムはまだ10

活気に満ちた TAGGER の社内とエントランス

０億円程度しかない。ベトナムの人口はまだまだ増加傾向にあるので、この数字をしっかりと伸ばしていきながら、子どもや若者たちの生活を彩っていきたい」と力強く語ります。

この「情熱」に満ちた眼差しこそが宮本さんとＴＡＧＧＥＲ、そしてベトナムにおける日本のアニメ・マンガブームの原動力になっているのです。

ベトナムの地域性に寄り添ったアミューズメント施設を展開

——Dream Games（ドリームゲームズ）

◆イオンモールなどとともに店舗を拡大

ベトナムでは先述したように、休日ともなるとショッピングモール内のアミューズメント施設に多くの家族連れが訪れ、思い思いに楽しい時間を過ごしています。

こうしたアミューズメント施設の設置や運営を手掛けているのがDream Gamesです。

同社はシンガポールに本社を構え、メインターゲットを東南アジアとし、ベトナムとカン

イオンモール1号店のなかにオープンしたタンフーセラドン店。キッズエリアなども用意されています

ボジアを中心にアミューズメント事業を展開しています。

ベトナムに関しては2013年に現地法人のDream Games Vietnamを設立。2014年1月にホーチミン市のイオンモール1号店に「DREAM GAMES Tan Phu Celadon」(ドリームゲームズ タンフーセラドン店)をオープン。約2800㎡の敷地にアーケードゲームやボウリング、カラオケなどの娯楽を詰め込み、大いに話題を集めました。

また、2014年11月にはホーチミン市近郊のビンズンに開店したイオンモール2号店に同じくDream Gamesの名前を冠した直営店(ゲームセンター、ボウリング場、釣り堀などを配備)を設置。さらに、2015年にはハノイ市にオープンしたイオンモールにもアミューズメント施設を出店するなど着実に店舗数を拡大し、今やベトナムで10店舗の直営店を運営するまでになっています(カンボジアには2014年に現地法人を設立し、現在4店舗を展開)。

◆ベトナムにおけるアミューズメント市場の可能性

Dream Gamesの親会社であるニラク・ジー・シー・ホールディングスは福島県を中心にパチンコホールを50店舗以上経営するニラクを子会社に有するホールディングカンパニ

ーで、香港証券取引所に上場しています。

パチンコ産業の市場が縮小傾向を見せるなか、事業ポートフォリオの多角化の一環として、2017年に当時、ベトナムで5店舗、カンボジアで1店舗のアミューズメント施設を運営していたDream Gamesに着目し、M&Aに至ったそうです。

「当社はショッピングモールなどにアミューズメント施設を設置する形で売上を伸ばしてきたため、メインターゲットは必然的に若年層ならびにヤングファミリー層になる。その点、ベトナムは平均年齢が31歳程度と日本に比べて若く、まだまだファミリー層が増加していくし、この層の収入や遊興費も向上していくと予測されることから、今後の展開にも大いに期待している」とDream Gamesの新井純さんは話します。

また「ゲームセンターをはじめとしたアミューズメント施設は日本ではすでに飽和状態といった観があるが、ベトナムにおいてはまだまだ家族連れや若者たちが集い、遊べるような大型のアミューズメント施設が少ない。特に地方都市などには多くの潜在的なニーズがあると感じている」と期待を寄せています。

では、Dream Gamesではどのようにしてアミューズメント事業を展開しているのでしようか。

◆「ジャパン・クオリティ」が成功のカギ

新井さんによると、日本などからゲームの筐体《きょうたい》を輸入して設置するとともに、パチンコホールを運営してきた親会社のノウハウを最大限に活用し、「ジャパン・クオリティ」のアミューズメント施設を目指してきたとのことです。

「海外のゲームセンターは『たんにゲームの筐体が置いてある場所』という感じで、筐体のメンテナンスが行き届いていないこともしばしばある。しかし、日本のゲームセンターではメンテナンスはもちろん、接客やゲームへの説明にも力点を置き、ゲームセンター自体が上質なエンターテインメント空間に仕上がっている」と新井さん。

日本で長年にわたって流行っているクレーンゲームに関しても、たんに筐体を仕入れるだけでなく、入荷する景品のラインアップや景品の取りやすさ、接客など、あらゆる面で日本式のオペレーションマネジメントを取り入れ、ベトナム国内の他のゲームセンターと差別化をはかるようにしています。

ボウリング場や大がかりな遊具など、エンタメ要素が盛りだくさん

なお、これはDream Gamesに限ったことではありませんが、ベトナムでは硬貨が流通していないことから、紙幣でメダル（トークン）を購入し、それを使ってゲーム機で遊ぶというスタイルが主流になっているそうです。

◆「ジャパン・クオリティ」を超えるさらなる差別化が必要

ただ、最近ではベトナムにも同種のアミューズメント施設が急増しており、さらなる差別化をいかにはかるか、そして急速に変化する顧客ニーズにいかにして対応するかということが重要な課題になっています。

「当初は『ジャパン・クオリティ』のみで差別化をはかることができたが、今やそれだけではベトナムの顧客ニーズに柔軟に対応することはできない。常に試行錯誤を繰り返し、新しいサービスや改善に取り組んでいかなければならない」と新井さんは言います。

たとえば、筐体ひとつとっても、必ずしも日本製のものがヒットするとは限らないとのこと。具体的には南部以上に中国文化の影響が強い北部（ハノイ市周辺）では、電飾が日本以上にきらびやかな中国製の筐体のほうがヒットするケースもあるそうです。

だから「流行りのゲームを揃え、適切なレイアウトを整えるだけでなく、地域による好みの違いなども重視するようになった。全店舗を直営とし、利用データの収集に注力しながら、店舗ごとに最適なラインアップを整えるようにしている」と新井さんは話します。

また地域性という観点では、ベトナム人スタッフの感性を引き出すことに注力。「現場のベトナム人スタッフたちにこれまで以上に当事者意識を持ち、アンテナを高く張って仕事に取り組んでもらいたいという思いで、精力的に社内教育を行い、各店舗がより自律的に運営できるように取り組んでいる」そうです。

◆コロナ禍を乗り越えて未来を見据える

こうして順調に業績を伸ばしてきたDream Gamesですが、コロナ禍によって一時的に窮地に立たされてしまいました。

実際、ベトナムでは2020年3月下旬から4月下旬にかけてロックダウンが実施されて以降、定期的に外出規制などの対策が講じられました。特にアミューズメント業界への規制は厳しく、2021年には業務停止命令も下され、2022年3月に規制が緩和されるまで、Dream Gamesは全店営業停止、売上ゼロという事態に陥ってしまったのです。

ただ、この間もDream Gamesはベトナム人スタッフの雇用を維持し続けました。そこには「アフターコロナのタイミングでスタートダッシュを切るには、何よりもベトナム人スタッフの力が欠かせない」という思いがあったからです。

その結果、Dream Gamesはコロナ禍の規制緩和後、すぐさま全店で営業を再開。他社が人手不足で営業再開に踏み切れない状態にあるなか、見事にアフターコロナの爆発的な需要を取り込むことに成功したのです。まさにベトナム人スタッフへの愛情があってこそ成しえたV字回復といえるでしょう。

今後については「イオンモールさまに協力いただき、大型のアミューズメント施設を展開していく戦略は維持しながらも、いずれは街中で１００㎡くらいの小型店舗にも挑戦していきたい」と新井さん。それと同時に「ベトナムは顧客ニーズの変化が尋常でないほどはやいから、長期的なプランを立てることよりも、その時々の情勢を見ながら、スピーディかつ柔軟に打ち手を講じていきたい」とも。

日本と異なり、ベトナムでは産業別の統計などがあまり公開されていないので、なかなかトレンドを読み解くことが難しいのですが、それゆえに店舗ごとの売上の分析や現場の感覚が重要になってくるのでしょう。

ゲームに関しては、eスポーツなどの台頭も目覚ましいといわれるベトナム。現に「ベトナムeスポーツ白書２０２１」によると、すでにベトナムのeスポーツプレーヤーの数は18万人に達しています。プロのeスポーツ大会における収入では世界で23位、東南アジアではタイ、マレーシア、フィリピン、インドネシアに次いで5位にランクインしているそうです。

eスポーツはメーカーやプラットフォーマーを除くと、ビジネスの裾野が決して広いとはいえない分野ですが、ベトナムで注目度が高まっている教育分野などと紐付けることで新たな展開が見出せるかもしれません。また、eスポーツの腕を磨く場としてアミューズメント施設が活用されるケースも増えてくるかもしれません。

いずれにしても中間層の拡大とともに、ゲームをはじめとしたアミューズメント産業は今後も堅調に成長を遂げていくことでしょう。

社運を賭けた投資で日系ならではのリゾート開発を展開
――ホテル三日月グループ

◆ベトナムを代表するリゾート地、ダナン市に進出

ベトナムの観光業界において、めきめきと頭角をあらわしている日系企業があります。ダナン市で日系企業過去最大投資のレジャービジネスを展開しているホテル三日月グループがそれです。

ダナン市には先述したように外資系のホテルが多数進出しています。日系企業ではビジネスホテルを展開するルートイングループも進出しており、2017年にはミーケビーチ沿いに「グランヴィリオシティダナン」と「グランヴィリオオーシャンリゾートダナン」という2つのホテルを開業、いずれも人気を集めています。

では、ホテル三日月グループはどうかというと、5つ星ホテルが一軒も進出していないダナン湾に総額120億円を投じ、2022年6月に「ダナン三日月ジャパニーズリゾート&スパ」（以下、ダナン三日月）を開業。総面積3万7000坪の敷地に従来の5つ星

ダナン三日月の全景

とは一線を画すスタイルで、ホテルとヴィラ、温泉&アクアドームゾーン（全天候型スパドーム）、屋外プール、ビーチサイドクラブなどを擁する巨大リゾート施設をつくりあげました。

投資総額のうち90億円を占めるシンジケートローンの組成については、ホテル三日月グループの小高芳宗代表、商工組合中央金庫（以下、商工中金）の関根正裕社長、みずほ銀行の加藤勝彦頭取との座談会記事にて詳述するので、ぜひそちらを一読していただければと思います。

◆創業者の直感とダナン市のポテンシャルを信じて

それにしても、なぜホテル三日月グループはダナン市に１２０億円もの投資を実行したのでしょうか。聞けば、その理由は創業者であり、前代表である故・小高芳男さんがダナン市に一目惚れしたからだそうです。

「２０１７年３月にホーチミン市に社員旅行に出かけた際に、当時87歳だった祖父（小高芳男さん）が『ここで商売をしよう』と言いはじめたのが端緒となった」と現代表の小高芳宗さんは話します。

たしかに、ダナン市のポテンシャルは先述した以上に素晴らしいものがあります。ダナン市の人口は約１２５万人（２０２３年）ですが、半径３００㎞圏内の人口は１１５０万人に達しており、流入観光客数の年間目標（コロナ禍前）を８００万人としています。

また、観光地としてのポテンシャル以外にも、ホーチミン市やハノイ市で人材不足や人件費高騰が課題になるなか、ＩＴ企業がダナン市に支店をつくる動きも見られます。さらに東西経済回廊の東端の窓口であるダナン港を有することから、工業団地の整備も着々と進んでおり、ベトナム中部へのＦＤＩ（外国直接投資）の累計ではダナン市が最多となっています。

ちなみに、日系企業の投資金額ではホテル三日月グループがトップで、次いで村田製作所、マブチモーターといった順です。

創業者の直感とこうしたダナン市の特色に着目し、ホテル三日月グループはダナン市在住＋近郊都市＋流入観光客の合計にあたる約２０００万人をターゲットに、そして日本のホテル三日月と同様、「親子3世代」をメインターゲットに据えたビジネスをこの地で展開することにしたのです。

◆初の海外進出にあたってスピード感を重視

しかし、ホテル三日月といえば、日本の団体旅行や家族旅行を牽引してきた旅館であり、これまでは国内ビジネスに特化してきた企業です。それまでに海外ビジネスの経験は一切なく、いざベトナムビジネスをはじめるとなった際もすべてが手探り状態でした。

それでもすぐにメインバンクの商工中金をはじめ、商社やＪＥＴＲＯ（日本貿易振興機構）、みずほ銀行をはじめとしたメガバンク、ゼネコンなどから情報を収集し、わずか３カ月でホーチミン市やハノイ市、ダナン市など、30カ所以上の候補地をピックアップ。

２０１７年5月にはダナン湾の形状がホテル三日月の創業の地である三日月湾（千葉県勝浦市）に似ていること、ダナン湾にまだ5つ星ホテルがないこと、ダナン市のポテンシャルが高いこと、日本の市場が縮小していくことなどを決め手として、本格的にダナン市でのビジネスに乗り出すことにしたそうです。

この一大プロジェクトにおいて、小高さんがもっとも重視したのがまさに意思決定のはやさでした。通常、海外進出といえば準備期間も含めると5年はかかってしまいそうなものですが、小高さんは「意思決定のはやさこそ中小企業の最大の強み」と「実印を首にぶら下げて、いつでも契約を結べる」ことを示しながら自ら全力で交渉に臨んだのです。

そのため、ダナン湾の近くにリゾートホテル（12棟48室のヴィラ）と約1万８０００坪の土地を所有していた提携先（M＆Aの対象）と出会ってからの動きは実にスピーディで、交渉も急ピッチで進められていきました。

◆創業者の逝去を乗り越えてM＆Aを断行

ところが、その出会いからわずか2週間後に前代表の小高芳男さんが逝去。一時は頓挫するかと思われたこのプロジェクトでしたが、小高さんは祖父の意思を貫徹、不退転の決意で事に臨み、前代表が亡くなってわずか2日後にM＆A費用の25億円をホーチミン市に送金しました。

「非居住者口座に現金を持ったまま交渉することで、創業者が他界しても、自分たちが本気であることを伝えたかった」と小高さんは当時の決意を振り返ります。

その決意は提携先にもたしかに伝わりました。創業者の逝去から約2年の歳月を経て、ホテル三日月グループは2019年4月に同社の株式を100％取得することに成功し、現地法人の社名をODK MIKAZUKI VIETNAMに改称。さらに、M＆Aのクロージング条件としていたダナン市所有の隣接地の取得も同時に進め、2019年1月に土地オークションで落札。

「日本人や日系企業が土地オークションに参加するケースはきわめて珍しく、ベトナムにおいては日本人初、日系企業初の実績になった」そうです。

◆従来の5つ星ホテルの概念をくつがえす施設

ホテルの建設にあたっては、「あとから進出する企業は、すでに進出している企業にないものを高品質かつ安価に提供すればいい」という方針の下、「和」のテイストを盛り込みながら、ホテル三日月グループならではのノウハウを随所にちりばめていきました。全天候型スパドームや親子3世代をメインターゲットにしたおもてなし、全室露天風呂付き・全室オーシャンビュー、最小でも69・5㎡とゆとりのある客室などをウリにした施設に仕上げていったのです。

現地を訪ねてみると、誰もがその強みを実感できるはずです。広大なロビーに相撲の土俵や甲冑、日光東照宮から分霊してもらったという日光東照宮分霊三日月神輿などが設置されているほか、温泉や庭園にもこれでもかと和のテイストが満載。客室は日系のホテルとは思えないほど開放感に満ちており、おのずとリゾート気分が盛り上がります。すべての客室のバルコニーに露天風呂が付いているため、ダナン湾を眺めながら湯船に浸かり、

広々とした客室に全天候型スパドーム、インフィニティプール、ビーチサイドクラブ、そして随所に光る和のテイストなど、個性的な魅力が満載

ビールを飲むといった贅沢も堪能できます。

もちろん食への配慮も万全で、ビュッフェではベトナム料理だけでなく、和洋のメニューもたっぷりとラインアップされており、幅広い好みに対応できるようになっています。しかも、価格はベトナム人の中間層でもちょっと背伸びをすれば手が届く水準になっているなど、まさにダナン市にもともとあった５つ星ホテルの概念をくつがえすものになっています。

◆最大の障壁として立ちはだかったコロナ禍

とはいえ、ダナン三日月が開業するまでには幾多の困難がありました。もっとも大きな障壁となったのがコロナ禍です。コロナ禍は世界中のレジャー産業に絶望的な打撃を与えましたが、ホテル三日月グループはそれ以上の戦いを強いられることになりました。

そのきっかけとなったのが２０２０年１月に実施した中国・武漢からの政府チャーター機第１便の乗客（日本人帰国者）の受け入れです。

中国政府が武漢市と近隣15市・州の公共交通機関の停止および駅・空港の閉鎖を発表し

たことを受けて、日本政府はチャーター機などで現地にいる日本人の希望者を全員、帰国させることを決定し、羽田空港と成田空港周辺の大手ホテルチェーンに受け入れを打診しました。

ところが、その時点で日本では新型コロナウイルスの感染者がまだひとりも出ていない状況にあり、大手のホテルチェーンが軒並み、政府からの依頼を拒否してしまったのです。

その事情を知った小高さんは「それならホテル三日月がやらなければならない」と決断しました。とはいえ、「そこには葛藤があった」と小高さん。「社員と地域住民の健康を守ることができるか」と思い悩み、千葉県はもちろん、受け入れ先である勝浦スパホテル三日月の地元の勝浦市や亀田総合病院（千葉県鴨川市）などと相談しながら、スピーディに安全性を担保するための連携体制を構築していったそうです。

そして、その上で社員たちに「武漢チャーター機の帰国者を受け入れたい」と話したところ、パートから若手社員、ベテラン社員までが一丸となって賛同してくれたので、「この一大決心を実行に移すことができた。本当に素晴らしい社員たちに恵まれたと実感した」と小高さんは話します。

マニュアルなどが一切ないなか、ホテル三日月グループの社員たちは1月29日から約2

週間にわたって、勝浦スパホテル三日月で191名の帰国者を受け入れました。

「当日になって当初の予定（100名）よりも多くの方を受け入れることになったため、客室がキャパオーバーになってしまった。しかし、『何とかして受け入れなければならない』と厚生労働省をはじめとした関係各所とその場で相談し、一部のご家族や同僚の皆さんに相部屋になっていただくことにした」と小高さんは振り返ります。


ですが、ピンチはその1回で終わりませんでした。羽田空港での検査結果が後になって判明し、ホテル内で国内初の無症状の陽性反応者が出てしまったのです。

すると、メディアはこの話題を受け入れ時の相部屋対応と紐付けて報道。その論調はあたかもホテル三日月の誤った対応のせいで陽性反応者が出てしまったといったものでした。

「帰国者には部屋にずっといてもらうようにしていたし、社員の感染予防対策にも万全を期していたが、こうした報道がエスカレートしていき、地元での風評被害にもつながっていった。私も社員も心底、辛い思いをした」と小高さんは話します。


その後、亀田総合病院が市民説明会などを開催し、地元での風評被害は急速に緩和。さらにホテル三日月グループの社員のホスピタリティに満ちた対応が帰国者だけでなく、全国的にも評価されはじめました。

そして、地域住民たちもホテル三日月グループの行動に共感し、ホテルの周辺に竹灯籠をともしたり、「心はひとつまたきてね」とホテルの目の前のビーチに砂文字を書いたりと、地域をあげて帰国者たちを激励しはじめたのです。

小高さんがもっとも懸念していた「社員と地域住民の健康」についても、最終的には濃厚接触者、感染者ともにゼロという結果になり、ホテル三日月はコロナ禍に立ち向かったホテルとして賞賛されることになりました。


しかしその評価とは裏腹に、この受け入れにより予約が一気に2万7000人分（その後、さらに増えて合計6万8000人分以上）もキャンセルになる事態が発生してしまいます。受け入れ後に徹底した消毒などを実施したり、その様子を公開したりしたものの、全国的な感染者数の増加などが影響し、宿泊客の不安を取り除くことができなかったのです。

◆金融機関の支援と施設売却で窮地から脱却

ダナン市での開発を進める最中に黒字倒産の危機に直面してしまったホテル三日月グループ。この窮地に手を差し伸べたのが商工中金でした。

「『自分の命などどうなってもよいから会社だけは救っていただきたい』と相談したところ、当グループの状況を冷静に分析してくださり、2020年3月6日に『日本のために頑張ったホテル三日月に一円たりともお金の心配はさせない』と商工中金の関根社長自ら電話をくださった。まだほかのホテルはキャンセルなどが出ていない時期だったので、日本最速のコロナ融資の内示だったと思う」と小高さんは話します。

といっても、コロナ禍は当時、いつまで続くかもわからない状況にありました。そこで小高さんは断腸の思いで、2020年3月から勝浦スパホテル三日月と鴨川スパホテル三日月の売却を検討します。

「特に創業の地である勝浦スパホテル三日月の売却は苦渋の決断だったが、ダナン市でのビジネスを確実に成功させるには、いかに国内の赤字を止めるかということが肝心だった。

物語ははじめることよりも終わらせることのほうが難しいと痛感した」と小高さん。

こうしてホテル三日月グループは2021年11月にホテルマネージメントインターナショナルに勝浦スパホテル三日月と鴨川スパホテル三日月の経営権を譲渡し、まさに不退転の決意でダナン市でのビジネスに臨むことになったのです。

◆コロナ禍のロックダウンにより建築工事ストップの危機

一方、ダナン三日月の建設も一筋縄ではいきませんでした。コロナ禍のロックダウンによって、ダナン市内の工事がすべてストップすることになってしまったのです。

ところが、ここにきてホテル三日月グループが日本で武漢からの政府チャーター機第1便の乗客を受け入れた実績が奏功しました。

「ホテル三日月の対応をベトナム政府が知るところとなり、先行開業していた48室のヴィラでダナン市内の医療従事者の初の隔離を受け入れてほしいという打診がきた。そこで、その条件としてロックダウン時にも工事を止めないことを確約してもらうことができた」と小高さんは話します。

ただ、事はそう簡単には進まず、「工事はストップされなかったものの、『工事現場から作業員を出してはならない』という政府命令が下された」そうです。そこで、小高さんは「約５００人の現場作業員が安心して生活できないと工事が止まる」と懸念し、作業員全員に現金20万ドンと生活物資や食料やサプリメントなどを支給し、モチベーション維持に注力。その後、２０２1年3月にも作業員全員に「コロナ禍でも安心して旧正月を迎えましょう」と50万ドンを支給したそうです。

その後もコロナ禍の混乱は続きました。「２０２1年8月にはコロナ禍が長引き、ベトナム中の工事がストップしたことから、ベトナムのゼネコンが倒産するのではないかという憶測が飛び交った。実際、発注先のゼネコンも資金繰りが困窮しているという情報が入り、当社の経営会議においても『バブル崩壊時のゼネコン倒産の過去を踏まえ、ゼネコンへの支払いも止めたほうがよい』という意見が出た」と小高さん。

そもそも「日系ゼネコンを通さずに5つ星ホテルを建築する」という前例がほとんどなかったこともあり、社内でもこの動向を不安視する向きが多くなっていったのです。

しかし、小高さんは「ゼネコンが苦しい状況にあるなら、うちが過払い気味に払えばいい。そうすれば感謝してくれるだろうし、当社の工事に人員も気持ちも投入してくるはず。困っているのはどちらも一緒だし、これまで常に逆張りの発想で頑張ってきたのだから、その判断を貫こう」と決断。

ゼネコンの株主と財務内容を信用調査した上で資金送金をしたところ、その狙いは見事に的中し、工事現場の活気が最高潮になったそうです。なお、その後も工事現場への気配りは忘れず、2021年12月末にも「良い年を迎えるために」とサプリメントとマスク、消毒液を約300人に配布したといいます。

中小企業ならではの意思決定のはやさと逆張りの発想、そして何よりベトナムへの「情熱」と「愛」によって、コロナ禍のマイナス気運を上昇気運に転換した好例といえるでしょう。

◆コロナ禍の収束とともに来場者数が急増

こうした困難を乗り越えてダナン三日月がオープンしたのは2022年6月のこと。ベトナムにおいてもコロナ禍の影響がまだ残っている段階ではありましたが、「ベトナムは他国よりもはやく経済活動を開始し、コロナ禍でもプラス成長を維持するなど見事な政府対応をしていた。だから『半分程度の客室からスタートさせるべき』という保守的な意見を一蹴し、当初から294室の新ホテルと既存の48室のヴィラを一斉にグランドオープンすることにした」と小高さん。結果、オープンして最初の土曜日から稼働率が90％を超えるなど、幸先の良いスタートを切ることに成功したそうです。

この成功の最大の功労者はなんといっても現地のスタッフたちでした。急ピッチで準備を進めたこともあり、当初はサービス面で行き届かないところも目についたそうですが、「優秀なスタッフたちが順次、改善してくれたおかげで、食事も接客も格段にレベルアップした。今ではベトナム人スタッフの半数以上が5つ星レベルのサービスを身につけ、誇りを持って、仕事に取り組んでくれている」と小高さんは話します。

実際、ダナン三日月のスタッフたちが笑顔を絶やさず、テキパキと働いている様子を見ていると「多くのベトナム人がサービス業に向いている」ことがよくわかります。

小高さん自身、そのことを痛感しており、「日本やベトナムでホテル三日月流の人材教育を実践してきたが、多くのベトナム人スタッフは一昔前の日本人のように良い意味でお節介で、気配りができる。そのマインドはサービス業の根幹となるものなので、人材教育も想像以上にスムーズに進んだ」と言います。

もっとも、その背景にはホテル三日月グループが絶大な「情熱」と「愛」を持って、べトナム人スタッフたちと向き合っていたことがあります。ホテル三日月グループは２０１８年のM&A後に、ホテルの建築中など大幅に営業しない時期がありながらも、ベトナム人スタッフたちを全員、継続雇用したのです。

「このような場合、雇用を白紙にすることが多いが、当社は『皆を２つ星ホテルから５つ星ホテルのスタッフにする』と明言した上で雇用を継続した」と小高さん。さらにコロナ禍でダナン市内のホテルがリストラを断行するなかでも「ひとりも解雇することなく、一致団結してグランドオープンに向けて全力疾走した」と言います。こうした関係性があったからこそ、スタッフたちも全力で仕事に取り組んだのでしょう。

コロナ禍が世界的に収束して以降、ダナン三日月の勢いはさらに伸びていきました。なんと２０２２年６月からの1年間だけでも宿泊と日帰りの合計で49万人もの来場者を受け入れたとのこと。この数字はダナン市に進出している５つ星ホテルのなかでも屈指のもので、さらに2期目については年間66万５０００人に達しています。

インバウンドからの注目度も高く、特にダナン市からの直行便が多い韓国からは大勢の来場者が訪れています。その他のインバウンドの数は日本、タイ、アメリカ、台湾、その他という順になっていますが、来場者の大半はベトナム人と韓国人といった状況です。

日系企業でありながらしっかりと現地化している点からも、今後も成長していくのは間違いありません。日本からの来場者数こそ少なめですが、ダナン市と日本を結ぶ直行便（現在は1日1便のみ）が増加すれば、その数も増加していくかもしれません。

こうした成果のおかげで売上も好調で、1期目は14・5億円に達し、2期目は22・5億円（現在の円安を考慮すると27億円程度）にまで伸びています。また、GOP（ホテル営業利益）も非常に高く、日本では考えられないことですが、45％にまで達しているそうです。

まさに「親子3世代に愛される5つ星ホテル」というコンセプトによる差別化に成功した証左といえるでしょう。

◆日越外交関係樹立50周年事業として歩道橋を寄贈

ところで、ダナン三日月を語る上で、もうひとつ特徴的な話があります。それはホテルの目の前にホテル三日月グループが全長140mの歩道橋を寄贈したことです。

「ホテルからビーチにアクセスするには上下6車線を有する国道、グエンタットタイン大

寄贈した歩道橋は今や観光スポットになっています

通りを横断する必要があり、観光客にとっても地域住民にとっても危険だった。そこで、地元政府に日越外交関係樹立50周年事業としてこの通りを安全に横断するための歩道橋を造りたいと直談判した」と小高さん。

地元政府からは当初、「国道の上に外資系企業が橋を架けるなどもってのほか」という返答があったそうですが、それでも小高さんは「観光客も地域住民も喜ぶような『新日本橋』を架けたい」と粘り強く交渉を続け、協調関係を構築。2・6億円の建設費と6カ月の建設期間をかけ、2023年7月に見事、この歩道橋は落成しました。

完成した歩道橋は日本の編み物をイメージしたユニークなデザインときらびやかなイルミネーションで一躍話題となりました。今もその人気は健在で、ダナン市が誇る映えスポットのひとつになっています。

　ホテル三日月グループは「観光地は創るもの」という理念を掲げていますが、この一連の取り組みはまさにその理念を体現したものといえるでしょう。

「海外では前例主義に則ることが重んじられることが多いが、これだけ多くの人たちに認められ、雇用を生み出せたのは、『情熱』と『愛』を大切にしながら、逆張りの発想で誰もやったことがないことをやってきたからだと自負している。むろん、それゆえの困難は多々あるが、できない理由を考えたらキリがない。とにかく、どうすればできるかを考え、行動を起こすことが重要ではないか」と小高さんは語気を強めます。

　この精神を軸に、現在もホテル三日月グループは独自の視点で未来を見据えています。

「私たちは日本において、レジャー産業のトレンドが団体旅行から個人旅行、そしてコト消費といった具合に変遷してきた歴史を知っている。同様のことはベトナムでも必ず起きるので、現地の経済成長をしっかりと捉えながら、その一歩先を行くサービスを提供していきたいと思う」と。

　そして「少なくともダナン三日月のような大型の宿泊施設を横展開するのではなく、ベトナムにまだない、新しい価値を提供できればと思っている。手元にそれほど大きな資金はないが、夢と知恵で新たなビジネスを切り拓きたい」とも。

日本とベトナムのウィン・ウィンの関係をリアルに体現するホテル三日月グループ。その「情熱」と「愛」はベトナムの政府や人々の心に確実に響いています。

ベトナムビジネスにおいて、ウィン・ウィンの関係を構築し、ともに成長を目指すことは基本中の基本であり、そうでなければ長期的な成長は望めません。これからベトナムビジネスにチャレンジしようと思う方は、ぜひともホテル三日月グループの取り組みを参考にしてみてください。

第3章
グルメ大国の人々を魅了する日系の飲食店と食品

おいしくて美しい Pizza 4P's のピザ

◆世界中の人たちを魅了するベトナムの食文化

ベトナムはグルメ大国として世界中の旅行者や駐在員から愛され続けています。その証拠に世界中の伝統料理などを紹介するグルメサイト「TasteAtlas」（テイストアトラス）が２０２３年12月に公表した「世界の美味しい料理トップ１００（100 Best Cuisines in the World）」において、ベトナム料理は世界22位にランクイン。ベトナム人たちはもちろん、多くの旅行者や駐在員たちがフォーやバインミー、バインセオ、ブンチャーといったベトナムならではの料理の虜になっています。

中長期にわたって滞在してみると、「３３３」や「ビアサイゴン」「ビアハノイ」「ラルー」などのベトナム産ビールが1本１００円ちょっとで購入できる上に美味なのもうれしいところです。

南国ならではのフルーツもリーズナブルで、メジャーどころのマンゴーやパパイヤだけでなく、フレッシュなライチやリュウガン、ザボンなどを気軽に味わえるのも最高です。

◆即席麺市場でナンバーワンのシェアを誇る「Hao Hao」

しかし、料理のおいしさでは、同じく「世界の美味しい料理トップ100」で堂々の世界2位に輝いている「日本食」も負けていません。実のところ、今では多くのベトナム人の胃袋を摑んでおり、その存在感は高まり続けています。

また、日本発の飲食店や食品も大人気で、すき家やCoCo壱番屋、丸亀製麺、シャトレーゼなど、日本でもお馴染みの看板やロゴをホーチミン市やハノイ市の街中で目にすることが増えてきました。

そのパイオニアであり、圧倒的な知名度を誇る存在といえば、なんといってもエースコックです。同社が紆余曲折の末に2000年に販売開始した「Hao Hao」（ハオハオ）という商品は、ベトナムの即席麺市場でナンバーワンのシェアを誇っており、消費量は2021年末の時点で累計300億食にまで達しています。

2018年にはベトナム版ギネスブックとして知られる『ベトナム・ブック・オブ・レコード』に登録されるなど、今やHao Haoは押しも押されもせぬ国民食となってい

即席麺市場でナンバーワンのシェアを誇る「Hao Hao」

るのです。ベトナムの人たちに「好きな即席麺は何？」と問えば、多くの人たちが間髪入れずに「Ｈａｏ Ｈａｏ！」と答えてくれるでしょう。

ちなみに、「Ｈａｏ Ｈａｏ」はベトナム語で「好き好き」という意味があり、まさに名実ともにベトナム人にとって「Ｈａｏ Ｈａｏ」な商品になっているのです。

私自身、Ｈａｏ Ｈａｏの大ファンで、ベトナムでも日本でも食しています。種類が多く、どれを食べるか迷ってしまいがちですが、やはり現地でももっともメジャーなピリ辛エビ味を食べることが多いです。日本のラーメンと味が少し違い、エビの風味とほどよい辛味と酸味が絶妙にマッチしたクセになる味わいで、思わずおかわりをしてしまいたくなるほどです。

むろん、この看板商品の誕生でAcecook Vietnam（エースコックベトナム／エースコックのベトナム法人）の即席麺業界でのシェアは急拡大、現在はナンバーワン企業にまで成長しています。

ベトナム国内での生産体制も充実しており、すでに南部のホーチミン市（2工場）とビンズン省（2工場）、北部のフンイエン省（2工場）とバクニン省（2工場）、中部のダナン市（1工場）とメコンデルタ地域のビンロン省（2工場）といった具合に、ベトナム全土に生産・販売拠点を拡大しているほか、現地スタッフの数も6000人超となっています。

そして、この充実した生産体制の下、同社はベトナム国内のみならず、世界40カ国以上に対して輸出事業を展開。Ｈａｏ Ｈａｏをはじめ、さまざまなベトナムの味を世界に届けています。日本でも輸入食材を扱っているスーパーマーケットなどでＨａｏ Ｈａｏを気軽に購入できるようになったので、まだ食べたことがない人にはぜひ試していただきたいところです。

もっとも、Ｈａｏ Ｈａｏが誕生し、ここまでのシェアを拡大するまでにはさまざまな困難があったわけですが、そのあたりについては前著の『これからのベトナムビジネス２０２０』（東方通信社）に詳述しているほか、同書にエースコックベトナム取締役会長の梶原潤一さんのインタビュー記事も掲載しているので、そちらを一読いただければと思います。

◆2度目の進出で成功をおさめた亀田製菓

菓子分野では亀田製菓が奮闘中で、なかでもベトナム人向けの「ＩＣＨＩ」というライスクラッカーが大人気です。これは同社の看板商品のひとつである「揚一番」をベースに、ハチミツを加えたり、食感をやわらかくしたりといった現地化に取り組んだ商品で、今ではベトナムのスーパーマーケットやコンビニでごく当たり前に見かけるほどの定番商品になっています。

ですが、亀田製菓は実は１９９６年に4社合弁でベトナムに進出したものの、その2年後に撤退した過去があります。その後、２０１１年ごろにベトナムのティエン・ハ・コーポレーションのグループ企業である米菓会社から合弁事業の誘いがあり、あらためて２０１３年に2社合弁によるTHIEN HA KAMEDA（ティエン・ハ・カメダ）を設立し、このＩＣＨＩの誕生に至ったのです。そして現在は北部（フンイエン）と中部（トゥアティエンフエ）と南部（ドンタップ）にある3つの工場で高品質な米菓をつくり続けています。

ちなみに2度目の進出にあたっては、亀田製菓は「製造」、ティエン・ハ・コーポレーションは「販売」といった具合に役割を明確に分けたとのこと。そして、ティエン・ハ・コーポレーションとしてもＩＣＨＩが商品ラインアップに加わったことで、販売網をより拡張でき、固定費を抑えることにもつながったそうです。

このように合弁時には、食の分野に限らず、双方の得意とする領域を明確にして、ウィン・ウィンのビジネスに臨むことがもっとも大切になってきます。

◆ハイレベルな日本食レストラン

といったところで、あらためて飲食店の動向をウォッチしてみましょう。

「日本食」の勢いはもはや日本の大手外食チェーンに限ったものではありません。たとえばホーチミン市の日本人街と呼ばれるレタントンの周辺に行けば、日本でも知る人ぞ知る人気のラーメン店（個人店）などが出店しており、いずれも大盛況。

界隈にはそのほかにも、規模の大小を問わず、日本食レストランや居酒屋など、幅広いタイプの飲食店があり、東京や大阪にいるようなレベルの味を堪能することができます。

さらに驚くのは、高級な日本食レストランや寿司店などに関しても、東京や大阪の名店に引けをとらないようなレベルの店があることです。それもレタントンのような日本人街

日本人街と呼ばれるレタントンの一角

に集中しているというわけではなく、市街地の至るところに点在し、日本人駐在員のみならず、多くのベトナム人や外国人旅行者に愛されているのです。

また、ベトナム人の経営者が現地のベトナム人向けにリーズナブルに日本食・寿司を提供するレストランも活況で、日本食マーケットの裾野の広がりを感じます。


私も日本人オーナーが経営している高級な日本食レストランや寿司店などに足を運んだことがありますが、そのたびごとにクオリティの高さに驚きと感動を覚えています。

もちろん、クオリティをそのレベルまで高めるには並々ならぬ努力が必要です。以前、ベトナムのある高級寿司店を営む日本人オーナーに話を聞いたところ、「日本から輸入した魚を使っているだけでなく、ベトナムで揚がった魚も使っている。日本とベトナムとでは魚種はかなり異なるが、目利きをきちんとし、〝仕事〟を施せば、十分に日本なみのクオリティになる」と話していました。

たしかに、その店で供される寿司や刺身にはいずれも細かい〝仕事〟が施されており、店内の落ち着いた雰囲気も相まってか、まさに日本の寿司、いやそれ以上といっても過言ではないクオリティを感じることができました。しかも、よくよく聞けば、最初はまったく知らない魚種に戸惑いながらも、試行錯誤の末に適切な〝仕事〟を見出し、今のレベルの寿司を出せるようになったとのことでした。

飽くなき探求心、そして「本物の寿司をベトナムに伝えたい」という「情熱」に脱帽です。あらためて寿司職人の仕事の偉大さを痛感しましたし、国や素材が変わろうとも、一流の職人は腕一本でやっていけるものなんだなと感じました。一方で、ベトナム人が経営し、ローカライズされている寿司店が着実に増えてきていることからも、ますます寿司の人気は高まっていくものと思われます。


一般的に新興国で外食産業をはじめとした食にまつわるビジネスに参入することは、店舗や設備への投資に比べ、客単価が日本以上に低いことや、大勢のスタッフをマネジメントするのが難しいことから、あまり得策ではないとされています。

しかし、ベトナムで事業を成功させるという「情熱」とたしかなクオリティがあれば話は別です。ここからは食にまつわる日系企業の取り組みを詳述していきますが、いずれもそのことを見事に体現した事例なので、ぜひとも参考にしていただきたいと思います。

ピザで世界に幸せと笑顔、そして平和を届ける
――4P's Holdings（フォーピースホールディングス）

◆「日本食」ではなく、ピザで外食産業に挑戦

日本食ではなく、「ピザ」でベトナムを席巻している日系のレストランがあります。その名は「Pizza 4P's」（社名は4P's Holdings）、店舗数は今やベトナムとカンボジア、そして２０２３年末に麻布台ヒルズにオープンしたPizza 4P's Tokyo、インドにオープンしたPizza 4P's Indiaを含めると36店舗に達しています。

ベトナムを代表する外食チェーンとなったPizza 4P'sを経営するのは、もともとサイバーエージェントで働いていた益子陽介さんと高杉早苗さん夫婦。２０１１年に益子さんが

Pizza 4P's で食べられる絶品のピザと料理

前職時代にベトナムでの投資事業を担当することになったのを機に同地の魅力に惹かれ、設立に至ったそうです。

それにしても、メディア事業やインターネット広告事業などを主軸とする前職とはかけ離れた外食産業、しかも日本食や寿司といった日本人の強みを発揮できそうなジャンルではなく、あえて「ピザ」に着目したのはなぜなのでしょうか。その背景には益子さんのピザと人々の幸福をつなぐユニークな体験がありました。

「以前、自宅の裏庭に泥だらけになりながらピザ窯を自作し、焼きたてのピザを仲間たちとシェアしながら楽しんだ些細なひと時が、自分にとってかけがえのない幸せだと感じた。それこそがPizza 4P'sの原点であり、それからというもの『心を豊かにし、世界中に幸せを広めることは、これほど小さいことからはじめることができる』という思いでひた走ってきた」と益子さん。

その思いを胸に、益子さんはベトナムでピザを主軸にしたレストランを展開し、「Make the World Smile for Peace」（平和のために、世界を笑顔に）というビジョンを追求し続けているのです。

◆フレッシュチーズを自前でつくる

看板商品であるピザには益子さん夫婦のビジョンへの想いが詰まっています。創業当時、ベトナムではほとんど見かけることがなかったフレッシュチーズづくりに着手したのも、ベトナムの人たちに幸せと笑顔、そして平和を届けたいという思いがあったからです。

「起業して間もなく、自宅兼店舗の地下にあった小さなキッチンでフレッシュチーズづくりに取り組みはじめた。生産環境は決して良好とはいえなかったが、トライ&エラーを繰り返し、少しずつレベルを高めていった」と益子さんは話します。

試行錯誤の末にできあがった風味豊かなフレッシュチーズとそれを用いたピザは、顧客の心を着実に摑んでいきました。まずは日本人の駐在員たちの間で人気と知名度が高まっていき、今度はベトナムの人たちにもその魅力が受け入れられるように。次いで外国人旅行者にも知られるようになり、Pizza 4P's を旅の目的地としてくれる方々もあらわれるよ

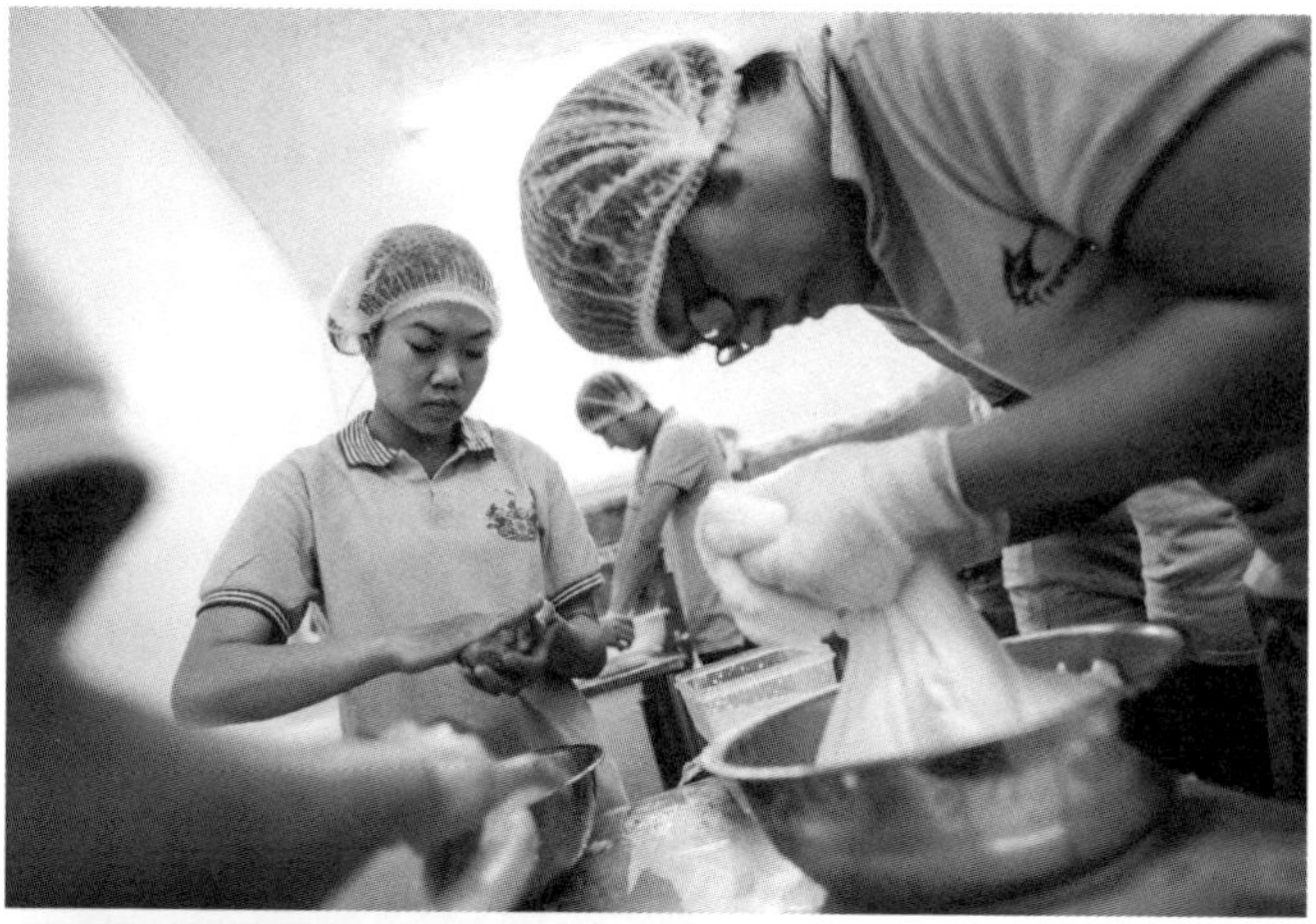

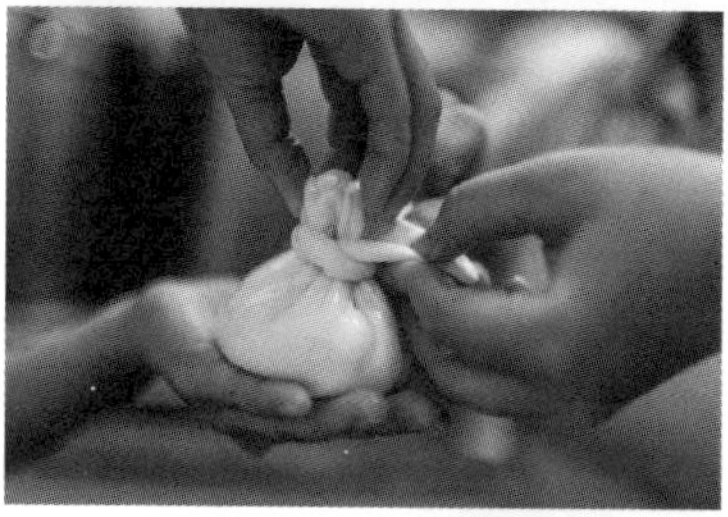

フレッシュチーズは今もひとつひとつ手作りで仕上げられています

うになったそうです。ピザの本場、イタリアからの旅行者にも高い評価を受けていることから、Pizza 4P's のピザの実力がうかがえます。

◆食材へのこだわりがストーリーに

経営が軌道にのってからも、益子さん夫婦は本物志向を貫き続けました。たとえば、チーズに関しては「2020年からは高原地帯のダラットに工房を立ち上げ、専属のチーズ職人たちを雇用し、一貫生産している。来店してくれるお客さまや社内のシェフからのフィードバックを受けて、常に改善を続けている」とのことです。

チーズだけでなく、益子さん夫婦は野菜をはじめとした食材にも徹底したこだわりを持っています。「かねてより無農薬野菜にこだわりたいと思っていたが、当時のベトナムでは有機野菜や無農薬野菜に取り組んでいる生産者が少なく、有機・無農薬農家を探すのにも苦労するような状況だった。また、どうにか仕入れることができても、品質が悪くて使えないこともしばしばあった」と振り返ります。

それでも根気強く、さまざまな農家と取引を続けた末に、同社が見出したのがダラットのティエンシンファームでした。聞けば、このファームはＪＩＣＡプロジェクトで10年以

ダラットのティエンシンファームの様子

上、無農薬栽培の指導を受けた実績があり、現在も農薬や殺菌剤、除草剤を一切使用していないほか、リーズナブルに高品質な食材を流通させることを目標としているそうです。

　この思いに共感した益子さんはすぐさまティエンシンファームに契約栽培を依頼。その関係性は現在も良好で、スタッフたちがお互いに店舗とファームを行き来するなど、交流を深めながらビジネスを展開しています。


　といっても、すべてが順風満帆だったわけではありません。その過程で益子さん夫婦は幾多の困難に直面してきました。その最たるものが乳牛の飼育です。

「牛乳も自前で生産してみようと思い立ち、15頭ほど飼育してみたが、飼育はもちろん、短期間で加工する必要がある生乳の保存管理などの問題に直面し、断念せざるを得ない状況になってしまった」と言います。

ただ、そのときの経験から「エサが牛乳にどのような影響を与えるのか、そしてその牛乳をチーズにするとどうなるのかといったことを実体験として学ぶことができ、酪農家への指示をより的確に出せるようになった。さらに相手の気持ちがわかる分、付き合いもより親密なものになった」そうです。

◆店舗のひとつひとつにもストーリーを込める

現在、グローバルに店舗を拡大しているPizza 4P'sですが、店舗ごとに個性が際立っている点も見逃せません。

たとえば、ホーチミン市のハイバーチュン店に足を運ぶと、モダンで開放感に満ちた空間のなかで食事を楽しめますし、同じくホーチミン市のサイゴンセンター店であればホテルのレストランのような雰囲気のなかで食事を楽しむことができます。こうした店舗ごとの個性もPizza 4P'sの魅力で、ついつい行った先々で「この地域のPizza 4P'sはどんな感じなのだろう」と気になってしまうほどです。

Pizza 4P's のにぎわう店内

Pizza 4P'sはサステナビリティやソーシャルインパクトを意識した店舗づくりや店舗経営にもいちはやく取り組んできました。その取り組みは実に先進的で、キッチンから出る食品残渣をミミズのコンポスト（飲食店から排出される生ゴミを堆肥化する設備）で堆肥化し、自社栽培する野菜やハーブに使う店舗もあれば、カンボジアの首都・プノンペンの店舗では「ゼロウェイスト」（ごみゼロを目指すこと）をコンセプトに掲げ、廃材を店内のベンチなどとして活用したり、廃プラスチックをアップサイクルしルーバーや内装材にしたりしています。

こういった取り組みを来店者、特に子どもたちに伝える取り組みをPizza 4P'sでは「エデュテインメント」（エデュケーション×エンターテインメント）と銘打ち、創業以来、積極的に取り組んでいます。

一部の店舗には菜園があり、野菜がどのように栽培されているかを目の当たりにしてもらったり、子どもたちが収穫したハーブを自らつくったピザにのせて食べるワークショップを開催したりして、生態系や自然の循環について学ぶ機会を創出しています。また、サラダをオーダーした際には契約栽培された野菜か店舗で育てている野菜のどちらかを選べるようになっているそうです。

◆コロナ禍を機にデリバリーや冷凍食品にも注力

しかし、2020年からのコロナ禍にあっては、ロックダウンなどによって店舗の売上が事実上、ゼロになるなど絶望的な状況に立たされたそうです。また、コロナ禍の期間中を通して、売上の3割を占めていた観光客や駐在員のニーズがほとんどゼロになったことでも大打撃を受けてしまいました。

日本の都市部と異なり、飲食店に対して協力金などが一切出なかったベトナムにおいて、多数の飲食店を存続させるのは並大抵のことではなかったはずです。実際、そのための資金繰りには頭を悩ませることも多く、「社債をハノイ証券市場で発行するなどして、何とか財務面の窮地を乗り切った」と益子さんは話します。

ですが、Pizza 4P'sのチャレンジ精神はこの間も発揮され続けました。そのひとつがデリバリー事業や冷凍食品事業への挑戦です。

「いずれも約2000人（当時）の社員たちの雇用を守るために講じた窮余の一策だったが、コロナ禍以降もビジネスに生かせるよう、中長期的な展開をイメージして取り組んだ」と言います。

たとえばデリバリーシステムに関しては、多くの飲食店がGrabをはじめとした既存のフードデリバリーシステムを利用するなか、Pizza 4P'sは独自のシステムを構築。そうすることで「ユーザーエクスペリエンスを徹底し、心地良くオーダーできる仕組みを構築し、顧客データを生かしてユーザーとのつながりをより強固なものにしていこう」と考えたそうです。

また、冷凍食品事業については「ベトナムの冷凍食品は製造レベルもマーケットも未成熟な段階にあるので、パイオニアになれる可能性があると考えた」と益子さん。「この間にセントラルキッチンを拡大できたし、チーズ工房も拡大する予定なので、長期的な視点でノウハウを積み上げ、着実に成長させたい。レストランとはまったく異なるマネジメント体制が必要になるが、人材面も含め、着実に拡充していく」と意気込んでいます。

◆日本やインドでの新たな店舗展開

コロナ禍が収束して以降、Pizza 4P's はこれまでに培ってきた「幸せの輪」をさらに広げるため、ベトナム、カンボジア以外の国々にも進出しはじめています。２０２３年末には東京、そしてインドにも出店を果たしました。

その一角を担う Pizza 4P's Tokyo はまさにフラッグシップになっており、内装やデザインにもストアコンセプトである「ONENESS-Earth to People-」を感じさせるこだわりとストーリーが満載。食材や調理へのこだわりも素晴らしく、店内で製造しているフレッシュチーズはもちろん、日本のオーガニックや不耕起栽培など自然に寄り添った生産者から仕入れた肉や野菜などにもひとつひとつにストーリーがあります。

これらのこだわりは東京店の店内のテーブルに設置されているメニューブック『4P's Dictionary』を開いてみれば一目瞭然。生産者からデザイナー、クリエイター、音楽家など、店舗に関わったすべての方々とそのつながりを伝える内容になっており、思わず読み

Pizza 4P's Tokyo の外観と内観

込んでしまいます。

日本、ベトナム、カンボジア、インドの要素を織り交ぜたPizza 4P'sならではの心地良いインテリアに身を委ねて『4P's Dictionary』をめくり、ワンネス（すべてがひとつであるという概念）やそこから湧き上がってくるコンパッション（共感）を覚えながら何を食べるか、何を飲むかを考えるだけでも多幸感を味わえるはずです。

もちろん、価格帯はベトナムの店舗よりはやや高めの設定になっていますが、東京の港区という立地、そしてこだわりの詰まった食材や空間のことを考えるとむしろリーズナブルだという声が多くあがっています。ピザ生地には北海道の小麦を使用し、野菜は近郊のオーガニックや自然農法のものを中心に取り寄せるなど、日本ならではの食材で、ベトナムや他国とは違った味わいが楽しめます。

麻布台ヒルズという話題の商業施設に店舗を構えたこともあり、開業当初からPizza 4P's Tokyoはベトナムの店舗を訪ねたことがある人や元駐在員、そして東京のフーディー（食の愛好家）や地元住民、観光客など、幅広い客層に支持され、今も2カ月先まで予約が埋まっているほどの人気ぶりです。

「ベトナムでの評判やベトナムで培ってきた駐在員の皆さんとのつながりのおかげで、日本での出店はきわめてスムーズに進んだ。食材にしても、日本には良い食材が本当に多く、足を運べば運ぶほど良いものに出会えたし、その出会いが次の出会いにつながっていった。おかげで、順調に自分たちが思い描く店づくり、メニューづくりを進めることができた」と益子さんは笑顔を見せます。

ちなみに、今回の日本進出はたんに外食業態のグローバル展開を意識したものでなく、日越間で商社ビジネスを展開する布石にもなっています。
「起業してからのビジネスで、私たちはベトナムと日本の素晴らしいものにたくさん触れることができた。今後はそれらを外食という形態だけでなく、物販という形態でも紹介し、日越双方がお互いの魅力をさらに知る機会をつくっていきたいと思う」と益子さん。

ピザを切り口に幸せを届ける――。益子さん夫婦のビジョン達成への強い想い、そして「情熱」はベトナムで見事に花開き、世界に広がりつつあります。

ジュエリーメーカーが安心・安全な水産物の養殖にチャレンジ

――エステールホールディングス

◆製販一貫を強みとするジュエリーメーカー

食に関するユニークな取り組みといえば、エステールホールディングスのことが想起されます。日本では老舗のジュエリーメーカーとして知られる同社ですが、ベトナムではジュエリーのみならず、なんと水産物の養殖にも取り組んでいるのです。

宝石を研ぎ磨くものづくりに端を発し、ジュエリーの製販一貫企業として成長を遂げてきたエステールホールディングス。「ジュエリーの製造販売会社がなぜ養殖に取り組んでいるのか」と誰もがいぶかしがると思いますが、まずはエステールホールディングスの本業とベトナム事業のあらましから紹介したいと思います。

エステールホールディングスは１９５４年、長野県佐久市で宝石研磨加工業を主軸として創業。以来、宝石を研ぎ磨くことに注力し続け、自分たちの手でジュエリーをつくり、

アコヤ真珠の養殖場の遠景

顧客のもとに届けることにこだわり続けてきました。

品質へのこだわりも並大抵ではなく、同社は長年にわたって原石から仕入れた宝石を加工し、美しいジュエリーに仕立て上げてきました。というのも、宝石として十分な輝きを持てるのは原石の7～15％程度のみであり、その7～15％を見出すためには豊富な経験と審美眼、つまり目利きの力が不可欠だからです。

そのため、今も同社では創業者をはじめとした目利きのプロフェッショナルたちが最前線に立ち、原石を仕入れているそうです。また、先述したように同社はジュエリー業界では珍しい製販一貫体制を敷いており、店舗数は国内外に５００店舗以上を数えます。

◆ニャチャン市近郊のダムモン村に産業をつくる

エステールホールディングスのこだわりは遠くベトナムの地においても広がりつつあります。国内でジュエリーづくりを展開してきた同社は、その技術をさらに広く伝播すべく、２０００年にハイフォンにアジア最大級の自社工場を設立。最先端の生産設備と熟練の職人たちを集結し、ひとつひとつ丁寧にジュエリーをつくり続けています。

また、２００1年にはフーイエン省にあるニャチャン市近郊のダムモン村（カインホア省）の豊富な水資源に注目し、サイゴンパールを設立。美しい無人島海域を開発し、アコヤ真珠の養殖では世界最大規模の自社養殖場（敷地面積は約１２９万㎡／東京ドームの約28個分の面積）を設置しました。そしてハイフォン同様、この地にも最先端の開発技術を導入し、真珠貝をミクロな幼生の段階から育成することに成功。成長したアコヤ真珠は自社製品に使用しているそうです。

サイゴンパールの設立はダムモン村にとっても大きな転機になりました。サイゴンパールが進出する前までは働き口が少なく、村人たちは安定した職を探すのに四苦八苦してい

アコヤ真珠の養殖場と養殖の作業

たからです。さらに、ホーチミン市やハノイ市といった都市部に比べてインフラの面でも遅れをとっており、同社が進出したころは道路などの整備もままならない状況だったそうです。

そこで、サイゴンパールは地域住民たちを積極的に雇用するとともに、福利厚生が充実した労働環境を整備。また、地域振興の一環として、自治体と連携しながら養殖場の近くに道路を敷設しました。この道路は今も地域住民に生活道路として重宝されており、「サイゴンパールロード」と呼ばれ、親しまれています。

そのほかにもエステールホールディングスはベトナムの産業創出に注力し、2017年にはフーイエン省のドンホア村にHARRY&を設立し、仕入れた原石や宝石の研磨加工を手掛けています。

◆ものづくり精神の浸透と新規事業の創出を目指して

現在、エステールホールディングスのベトナム事業を牽引する小野勝幸さんは2014年から同社に参画。ベトナムに創業者のものづくり精神をあらためて伝えるというミッションのもと、2017年5月にHARRY&を創業し、2019年10月からはサイゴンパールの事業にも取り組みはじめました。

「時には真珠の盗難や横領などの問題が起きることもあり、5年間は工場に住み続け、マネジメント体制の立て直しに努めた」と振り返ります。

その一環として、小野さんは人事評価や生産管理体制をオープンにし、社内の見える化を推進。「若手社員たちとともに改善を進めていったところ、全体の社員数は減ってしまったが、その分、ものづくりに真剣に向き合ってくれる人たちばかりが残ってくれて、生産性も著しく向上した」そうです。

ハイレベルな加工を実現

目を光らせなければならないのは社内だけではありませんでした。聞けば「養殖中の真珠の盗難被害が相次いだ時期もあった」とのこと。

小野さんはそういったシチュエーションに直面するたびに自らボートに乗り込んでは、身をていして真珠を守ってきました。すると、社員たちも次第に「自分たちの会社と真珠を守るんだ」という意識を持つようになり、おのずとセキュリティ体制が強化され、盗難などの被害も減少していったそうです。

「リーダーが最前線に立ち、自らが模範となること。その説得力は日本であろうが、ベトナムであろうが変わらないことを実感した」と小野さんは振り返ります。まさに会社や事業への「情熱」が社員たちに伝播していった好例といえるでしょう。リーダーが先頭に立って模範を示すことは、ベトナムにおいても非常に効果的なのです。

そういった姿勢を大切にしながら、小野さんは創業者のものづくり精神を伝えることにも精力的に取り組んできました。その結果、今では「ダイヤモンド以外の宝石はすべてドンホア村で加工できるほどの技術水準になった」そうです。

◆デザインの現地化などを進めて多店舗展開を実現

こうした努力の末にベトナムで生産・加工できるようになったジュエリーは、今や日本やベトナム、そしてカンボジアをはじめとしたエステール系列の店舗（「As-me ESTELLE Japan」「ＥＳＴＥＬＬＥ」「ＢＬＯＯＭ」などのストアブランド）においても売上の中核を担っています。そして、ベトナムでは「ＥＳＴＥＬＬＥ」と「ＢＬＯＯＭ」というストアブランドが展開中で、店舗数は7店舗に達しています。

ベトナム市場の開拓にあたっては、デザインの現地化も大きな転機になりました。たとえば「日本で求められるデザインとベトナムで求められるデザインは大きく異なる」と小野さん。具体的には「ベトナムでは大振りのものが流行しているが、日本ではシンプルなものが好まれる。そのため、時には日本のデザイナーの方向性とベトナムの需要にギャップが生じてしまう」と言います。だからこそ、ベトナムにおいても製販一貫の利点を生かし、「現地のニーズを日本側に伝え、そのギャップの解消に努め続けている」そうです。

ちなみに、宝石の種類に関してはシトリンのほか、サファイヤやダイヤモンド、金などが人気とのこと。「シトリンなどは、ベトナムの国旗にも使用されている黄色なのが人気の理由かもしれない」と小野さんは分析します。

一方で「真珠はまだあまり人気がないが、ベトナムのトレンドの上流にある中国や香港との取引を拡大しながらその良さをＰＲし、いずれはベトナムでの販売基盤も強固なものにしていきたい」と今後の展望について語ります。

◆ベトナムの食卓に安心・安全な水産物を届ける

このようにしてジュエリー事業を手掛けてきた小野さんが、新たな一手として力を注いでいるのが水産物の養殖です。

当初は「アコヤ貝の身を廃棄するのがもったいない」「せっかくの水資源をもっと有効利用できないか」というアイデアに端を発した事業でしたが、徐々にアコヤ貝以外の水産物も取り扱うように。今では養殖したマルコバンやクエ、スギ（クロカンパチ）などのほか、天然もののアイゴやコバンザメなどを取り扱うまでになっています。

同社が急速にこれだけ多くの種類の水産物の養殖を推進した背景には「ベトナムの食卓に安心・安全な水産物を届けたい」という思いがありました。

「ベトナムでは身の色がきれいな魚が売れる傾向にあり、それゆえに漂白剤で色を抜く業者もいる。水産物の需要が拡大している今だからこそ、安心・安全なものをベトナムの人たち、特に子どもたちに食べてもらいたいという気持ちでこの事業に取り組んでいる」と小野さんは話します。

マルコバン

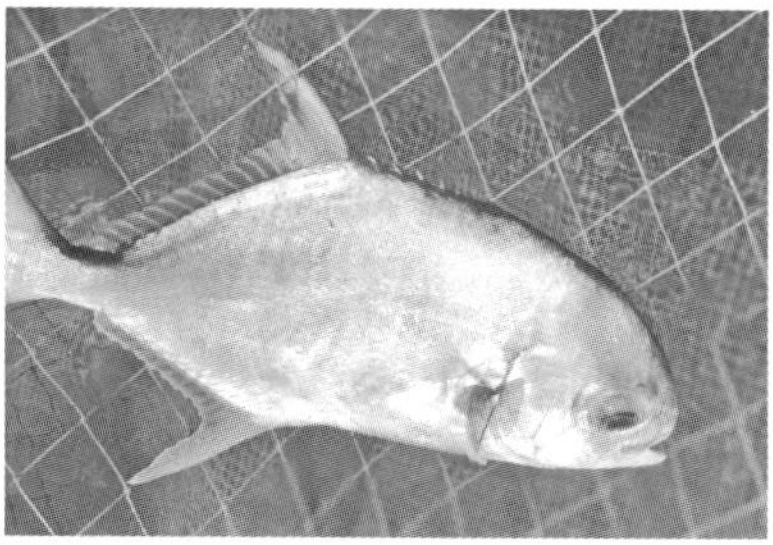

タンチャウクエ

真珠

スギ（クロカンパチ）

ゴマアイゴ

コバンザメ

安心・安全な水産物を販売中

まさに畑違いの取り組みでしたが、小野さんたちは「情熱」を持って事業に取り組んでいきました。日本の事業者から養殖のノウハウはもちろん、血抜きや神経締めといった鮮度を維持するための手法も学び、高級寿司店が満足するクオリティを目指していったそうです。と同時に「魚のサンプルを持ってドブ板営業をし、近年では少しずつ取引先が増えてきた。最近ではベトナムのローカル企業からの問い合わせもきている」と言います。

実際にそのクオリティは年々向上しており、寿司店などで同社が育てた魚を食べれば、その品質に思わず驚いてしまうはず。日本の高級店で食べる鮮魚の刺身などと同様、脂のノリと豊かな風味を堪能できること請け合いです。

◆ドライバーたちを独自にネットワークして物流網を構築

しかし、いかに良質な水産物を養殖・加工できても、それを一大消費地であるホーチミン市などに届けることができなければ、市場を拡大することはできません。その際に立ちはだかったのが物流の壁でした。

「ベトナムでは日本でいうところのクール便などのシステムが確立しておらず、ダムモン村からホーチミン市に鮮度を保ちながら魚介類を輸送する手立てがなかった」と小野さんは振り返ります。

そうしたなか、小野さんが注目したのがダムモン村からの夜行バスとＧｒａｂのドライバーたちでした。「ホーチミン市のバスステーションからいろんなドライバーに配達を依頼し、そのなかでもマジメに輸送してくれる人たちをネットワークすることで、安心してお客さんのもとに魚を届けられる体制を整えていった」そうです。

結果、今では多数の飲食店や小売店に直接、魚介類を卸す体制を確立することに成功。「これからもプロの料理人たちの声に耳を傾けながら、ベトナムで求められる水産物をおいしく、安心・安全な状態で届けたい」と小野さんは目を輝かせています。

◆地域との強固なパートナーシップが強みに

ダムモン村とともに成長を遂げてきたエステールホールディングスですが、そのパートナーシップは今もなお強固です。その一例として、同社は地域住民と協力し、２０２３年に井戸の掘削に成功しています。

「海水は豊富であるものの、真水が少なかったダムモン村において、この井戸から得られ

エステールホールディングス創業者の丸山朝会長と HARRY& の社員たち

る地下水はまさに恵みの水になった。また、当社にとってもこの井戸水のおかげで、真水の購入費を大幅に削減することができた」そうです。

しかも、地域住民や社員の親戚たちが手伝ってくれたおかげで、コストを抑えながら工事に取り組むことができたとか。「それでも相応の費用がかかったが、従来かかっていた真水の購入費を考慮すると、2年で元をとることができる」と小野さんは微笑みます。

さらにフーイエン省との関係も良好で、2023年に同社はフーイエン視察団の一員として和歌山県との交流会にも参加。小野さんはフーイエン省政府の面々や現地の事業者とともに和歌山県を訪問し、フーイエン省の魅力をアピールしました。

人口が少なく、インフラが乏しい地方はベトナムでも進出候補地から除外される傾向があります。しかし、エステールホールディングスの場合のように、その地域に有効活用できる資源があり、地域とともに成長していくという「情熱」があれば、地域との間に切っても切れない絆をつくることができるのです。

第4章
超加速するDXを下支えする日系IT企業の活躍

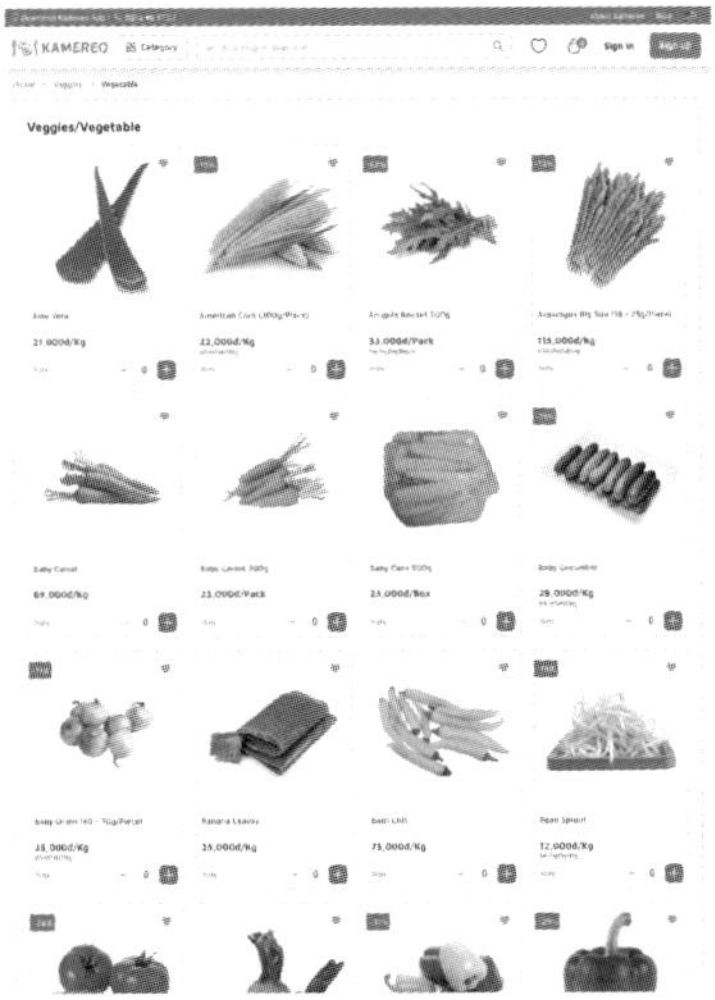

事業者向けの食材購買Eコマースプラットフォーム「KAMEREO」の販売画面

◆利便性バツグンのスマホアプリが普及

ベトナムに足を運んだことがない人がいざベトナムに来ると、スマホアプリの便利さに舌を巻くことでしょう。先述したＧｒａｂはもちろん、日本以上に利便性が高いアプリが数多く普及しており、当たり前のように活用されているからです。

このＩＴの急速な成長はまさに「リープ・フロッグ現象」（かえる跳び現象）の最たるものであり、それゆえにベトナムでは各分野で著しくＤＸ（デジタルトランスフォーメーション）が進んでいます。ガラパゴスかつレガシーなシステムが盤石すぎて、思うようにＤＸを進めることができない日本とはまさに対照的な状況にあるといえます。

こうした発展の背景には、固定電話よりも携帯電話の普及がはやかった点があります。ベトナムでは各家庭に固定電話が普及する前に携帯電話が普及したため、一足飛びに大半の成人が携帯電話を保有することになったのです。そして、パソコンの家庭普及率が上がる前に廉価なスマートフォンが市場に投入されたため、スマホ保有率がパソコン保有率を上回り、いちはやくスマホアプリの開発が進み、一気に普及していったのです。

なお、スマホのOSは、Ａｎｄｒｏｉｄがシェアの6割以上を占めていますが、周囲を見る限り、人気があるのはｉＰｈｏｎｅのようです。特に若い世代からの人気は絶大で、日本で購入するよりも割高であるにもかかわらず、多くの若者たちがローンを組んでまでｉＰｈｏｎｅの最新機種を購入しています。

◆フィンテックを牽引する決済アプリ「ＭｏＭｏ」

ベトナムで生活してみると、身近なところでも日本よりもＤＸが進んでいると感じる部分があります。とりわけ驚かされるのがフィンテックの進展です。

たとえば、クレジットカードの審査が厳しく、その所有者がまだまだ少ないベトナムにおいて、キャッシュレスサービスは日本以上に急拡大しています。なかでも人気を集めているのが、みずほ銀行が出資しているベトナムの決済アプリ最大手のＭサービスによる「ＭｏＭｏ」です。今やそのピンク色のロゴを知らないベトナム人はいないほどで、ベトナム中のコンビニや飲食店のレジ先に表示されています。

このアプリの最大の特徴はキャッシュレス決済を利用できること。日本でいうところの「ＰａｙＰａｙ」（ペイペイ）に近いもので、コンビニをはじめとした全国の小売店などでチャージをすることが可能とあって、急速に普及しています。

当初はベトナム初の電子ウォレットアプリとして、徐々にそのユーザーを増やしてきたMoMoですが、今では個人間の送金、公共料金の支払い、映画や航空チケットの手配、募金に至るまで、日常生活のあらゆる決済シーンで活用されるまでになりました。最近ではローンや保険など金融サービスにも活用範囲を拡大しているほどです。

つまり、もはやスマホとMoMoさえあれば、あらゆる支払いができるところまできているわけです。ユーザー数も人口1億人のベトナムにおいて3600万人に達しており、その母集団から得られるビッグデータはデジタルマーケティングの基盤にもなっています。

◆日本資本が入った中堅銀行もフィンテックに注力

ホーチミン市に本店を置くOCB（Orient Commercial Joint Stock Bank）が提供するスマホアプリ「OCB OMNI」も使い勝手の良さで注目を集めています。多国語対応しているほか、アプリでの振込手数料無料や特別金利での定期預金など、日々の生活に必要な機能が搭載されており、ユーザビリティに富んでいると好評なのです。

このＯＣＢにも日系の資本が入っています。あおぞら銀行は２０２０年にＯＣＢの株式15％を取得し、２０２１年にはジャパンデスクを開設。アプリに関する問い合わせについても日本語対応を実現しています。

ＯＣＢはベトナム全土に約１５０の拠点を持つ中堅銀行で、あおぞら銀行との提携を経て、現在はジャパンデスクで日系企業と現地企業のＭ＆Ａなどを支援。また、ベトナムの大手銀行が企業向けのサービスを主体とするなか、ＯＣＢは個人口座などのフォローにも力を入れています。特に日越外交関係樹立50周年を機に実施した在留邦人向けの口座開設キャンペーンは注目を集めました。

ベトナムの在留邦人の数は2万２０００人弱と決して多くはありませんが、日本人にも使い勝手の良いアプリが誕生すれば、日越ビジネスもさらに加速するはず。そういった観点からもＯＣＢやあおぞら銀行の活躍に期待したいところです。

◆「まずははじめてみる」というスタンスがＤＸにマッチ

そのほか、ユニークなところでは顔認証機能を導入した決済システムの普及も進んでいます。

一例をあげると、すでに韓国のGSリテール傘下のコンビニエンスストア「GS25」では、顔認証機能を導入した決済システム「Facepay」(フェイスペイ)が導入されており、多くの人たちが当たり前のようにこの機能を利用しています。今後はおそらくほかのコンビニやスーパーマーケットなどでも導入されるようになるはずです。

日本では大日本印刷が2023年に顔認証を活用した決済サービスの実証実験を行ったのが記憶に新しいところですが、その後、目立った動きはありません。

セキュリティなどの面で慎重に検討を重ねていく日本と異なり、レガシーシステムにとらわれず、「まずははじめてみる」というスタンスのベトナムのほうがDXに圧倒的にマッチしているわけです。実際に市場に導入したほうが多くの気付きが得られ、改善もスピーディに進んでいくので、ベトナムではこれからもDXが進化を遂げながら推進されていくことでしょう。


通信インフラの進化もまた、こうした状況にさらに拍車をかけていくと考えられます。

すでに6G(第6世代移動通信システム)についても、ベトナムの情報通信省が2023年8月に6Gデバイス開発グループ、評価、検査、試験運営委員会を設置することを決定。２０３０年の実用化を目指しているそうです。これが実現すれば、ＡＩなどの先進技術の活用がより一層進み、より高度なシステムやアプリが開発されるようになるはずです。

もちろん、こうしたＤＸを支えるのは紛れもなく「人」です。ベトナム政府は２０２０年６月に「２０２５年までの国家ＤＸプログラムおよび２０３０年までの方針」を発表し、大学などでのＩＴ人材の育成に注力。多くのＩＴ人材を輩出しながら、外資系のＩＴ企業を積極的に誘致し、雇用の拡大をはかり続けています。

こうした動きに日系のＩＴ企業やスタートアップも敏感に反応。日系企業発のさまざまなＤＸが展開されています。

そこで、本章では日系企業によるＤＸの動きをピックアップします。ベトナムの暮らしやビジネス環境を向上させたいという一心で、「情熱」を持って事業に取り組んでいる事例に注目してください。

ベトナムの食材流通システムにイノベーションを起こす

――KAMEREO INTERNATIONAL（カメレオインターナショナル）

◆飲食店に良質で安心・安全な食材を届ける

身近なところから急速に進むベトナムのＤＸ。実はその領域は多岐にわたり、そういった動きを多くの日系企業が支えています。その代表格がベトナムで事業者向け食材Ｅコマース事業を展開するKAMEREO INTERNATIONALです。

２０２３年度の顧客提供商品数ははやくも１５０万アイテムを超えており、２０２４年度はさらなる成長を予定しているとのこと。２００名を超える社員と１００以上の提携農家とともに、３０００以上の事業者にサービスを提供中で、ベトナムにおいてナンバーワンの食材卸のプラットフォームとなる可能性も見えてきました。

同社は２０１８年に創業し、２０１９年からＥコマース事業（ＢｔｏＢ）を開始。以来、「ベトナムの食材流通に存在する非効率性と不透明性を解決する」ことをミッションに掲

* HORECA = Hotel, Restaurant, Cafe and Bar

サプライチェーンの構成

げ、事業者向けの食材購買Ｅコマースプラットフォームである「ＫＡＭＥＲＥＯ」とそのオペレーションを支える社内のＥＲＰシステム（経営資源を一元管理するシステム）を開発してきました。

また、取り扱う食材については、サプライチェーンの川上から川下までのコールドチェーン流通（冷蔵・冷凍といった状態を維持した流通プロセス）をすべて自社で構築しました。これによって、安全性とトレーサビリティを担保するとともに、安価での安定供給を実現しています。

◆飲食店経営の夢の先に見えてきたベトナムビジネス

この成長著しいスタートアップを率いる田中卓さんがベトナムビジネスの世界に飛び込んだのは、２０１５年のこと。それまではアメリカ留学を経て、外資系の大手証券会社に勤めていたそうですが、子どものころから抱いていた「飲食店を手掛けたい」という夢をあきらめきれず、その方法を模索しはじめたそうです。

そして、先輩からのアドバイスもあり、「日本でゼロから飲食店をはじめても、人口減とデフレが続いている社会にあってはスケールする可能性が少ない。やるなら可処分所得が伸びている新興国がいい」と判断。そう考えるようになった矢先にインターネット上でPizza 4P's（4P's Holdings／130ページ参照）のことを知り、「すぐさま連絡して面接を受けた」と言います。


こうしてベトナムに渡り、Pizza 4P'sで働きはじめた田中さんは、店舗運営などに携わり、ベトナムの熱気を肌で感じていきました。

「当時は『ベトナムで起業したい』という思いは抱いていなかったが、多くの人たちが『今日より明日のほうが良くなる』と考えながら生きているところに刺激を受けた」と田中さん。また「『ひょっとしたら日本のバブル景気もこんな感じだったのか』『この可能性に満ちた環境下でビジネスに挑戦したらどうなるのだろうか』と想像するようになった」と言います。

それと同時に、田中さんはベトナム特有の課題も感じるようになっていきました。とりわけ「情熱」を持って飲食店を切り盛りしていくなかで、「ベトナムの食材の仕入れルートが主に市場か買い物代行しかなく、量や質、価格が安定しない」という課題をひしひしと感じるようになっていったそうです。

そして、その思いは次第に強くなっていき、田中さんはいつしか「生産者と店舗の双方をつなぐプラットフォーム」を構築できないかと考えるように。そこで、Pizza 4P'sでCOO（最高執行責任者）を務めた後、2018年にKAMEREO INTERNATIONALをシンガポールで起業し、いよいよ自らベトナムビジネスに挑戦することにしたのです。

◆ジャストインタイム方式の盤石なコールドチェーンを構築

起業した当初、田中さんは「受発注のみを手掛けるプラットフォーム」づくりを目指しました。しかし発注側から「商品が届かない」「違う商品が届いた」「品質が良くなかった」といったクレームが相次ぎ、サプライヤーと輸送システムのクオリティ向上が必要だと痛感。出荷場から店舗配送まで、川上から川下までのコールドチェーン流通をすべて自前で手掛ける方針にシフトしました。

以来、田中さんはコールドチェーンの構築に取り組みながら、社内のエンジニアチーム

Viet GAP（ベトナムの農業農村開発省が定めた農業生産管理基準）を満たした多数の農家と契約しています

とともに発注用のモバイルアプリとウェブサイトの開発にも注力。ソフト・ハードの両面の整備に全力を注ぎ、２０１９年８月から事業者向けの食材購買Ｅコマースプラットフォーム「ＫＡＭＥＲＥＯ」を稼働しはじめました。

このシフトチェンジはベトナムのニーズに見事にマッチし、同社の飛躍につながっていきました。

「ベトナムには日本の農協のような仕組みや安定したコールドチェーン流通がなく、川上から川下まですべての取引が小規模事業者による多重構造になっている。その結果、農家販売価格と最終消費者購買価格に大きなギャップが生じるだけでなく、コールドチェーンの欠落による品質劣化と高い廃棄率、不安定な供給、トレーサビリティの欠落による安全性の問題などが顕著になっていた。このあたりを内製化し、一気に解消できる可能性にビジネスチャンスを感じていた」と田中さんは振り返ります。

そんな同社のコールドチェーン流通がどうなっているのかというと、具体的にはまず100を超える契約農家が毎日、収穫したての農産物をダラット高原野菜集荷場まで配送。そして、それらの農産物をその日の夜のうちにホーチミン市にある配送センターにコールドトラックで配送し、翌朝には発注者である飲食店や小売店のもとに配送するという仕組みになっています。

このジャストインタイム方式によって、KAMEREOは鮮度を維持するだけでなく、廃棄ロスを大幅に抑制することにも成功。先述したようにベトナムには日本のようなコールドチェーン流通の仕組みが存在していないだけに、KAMEREOの存在感は生産者にとっても、飲食店にとっても日増しに大きくなっていきました。

◆日々の改善の積み重ねと食材へのこだわり

今でこそ順調に規模を拡大している同社ですが、当初は日本の投資家の反応が冷ややかで、「川上から川下までとなると投資効率が悪い」と言われることもあったそうです。

しかし、「ベトナムの配送方法の主流はバイクなので、日本のようにトラックを何台も買い揃える必要はない。そういう意味ではコストを抑えながら、コールドチェーンを確立できる自信があった」と田中さんは話します。

実際、現在も配送センターから店舗に商品を届ける交通手段は主にバイクですし、同社では約100人のバイク便配送員を自社で雇用し、配送業務を手掛けています。

むろん、この仕組みを確立するまでは「いくつもの困難があった」と田中さん。たとえば、バイク輸送ひとつとっても「バイクの後ろに設置する荷台や箱の選定、直射日光が当たらないようにするための工夫など、試行錯誤の連続だった」そうです。

取り扱う食材へのこだわりも並大抵のものではありません。現在、KAMEREOがプラットフォーム上で取り扱っている商品は1200種類以上。なかでも多いのは農産物(約300種類)で、これは創業時から田中さんがもっとも力を入れてきた分野でもあります。

「良質な野菜・果物を生産している農家を見つけたら、すぐに連絡して足を運んだ。契約栽培で安定的に購入することを伝えると、喜んで取引に応じてくれるケースが多かった」と田中さんは微笑みます。

配送センターの内観と検品の様子

こうやって契約農家のネットワークを拡大していきながら、田中さんは商品のサイズや重さについて一定の基準を設け、取引の公正性や輸送の効率性の向上に努めていきました。ビジネスモデルの構築だけでなく、こうした細部に至るまでの改善があったからこそ、KAMEREOはベトナムにおいて絶大な支持を得られるまでになったのでしょう。

◆ソフトとハードの両面の整備が圧倒的な強みに

では、発注元となる飲食店の開拓についてはどのように展開してきたのでしょうか。

「最初はKAMEREOの知名度がまったくなかったので苦労した。起業するまでに培ったコネクションを最大限に生かしつつ、最初は赤字覚悟で商品のクオリティをたしかめてもらったり、著名なレストランに使ってもらって知名度の向上に努めたりと、さまざまな手段を講じた」と田中さんは話します。

また、ローカルの小規模な飲食店に売り込んでいく際には、自社でエンジニアを抱え、使い勝手の良いプラットフォームを開発したことが奏功しました。

「飲食店の多くが使用する買い物代行では、電話やショートメールなどで食材を発注するケースが多いが、それだと発注や状況の確認に手間がかかってしまう。その点、当社のアプリを使えば、そういった煩わしさから解放されるし、食材にかかった費用などを簡単に算出することができる。おかげで、スマホを使い慣れている20～40代くらいまでの店主たちは積極的に取り入れてくれた」と田中さんは笑顔を見せます。

ちなみに、同社がここまで躍進できた背景には、田中さんの目のつけどころはもちろん、現地の卸業者との資金力の差もあったように思われます。

「ベトナムの卸業者の多くは中小零細だったり、家族経営だったりで、自転車操業のところが多く、設備投資に踏み切れないでいる。その点、当社は幸いにもベンチャーキャピタルから出資を受けることができ、集荷場・配送センターなどのハードと、アプリや社内ERPシステムなどのソフトを一気に整備することができた。おかげで、コストを抑えながら良質な商品を適正価格で販売することができ、他社との差別化をはかることができた」と田中さんも分析しています。

◆BtoCや海外展開の可能性を模索

とはいえ、コロナ禍でロックダウンを余儀なくされた時期には、集荷場や配送センターを稼働することができず、売上が90％減になるなど、想像以上に厳しい状況に直面しました。

そこで、田中さんは窮余の一策としてロックダウン期間中のみＢｔｏＣにチャレンジ。その後はコロナ禍が収束しはじめるタイミングで、あらためてＢｔｏＢに特化していきました。

「現在はスーパーマーケットやコンビニ向けの販売に注力する形（ＢｔｏＢｔｏＣ）で一般消費者にも弊社の商品を届ける仕組みを構築している。最近ではより便利にご利用いただけるよう、調理用カット野菜やカットサラダの販売にも力を入れている」と田中さんは話します。

また、直近ではＰＢ（プライベートブランド）の開発にも精力的に取り組んでいるそうです。「ベトナムには多くの工場があるが、その稼働率は必ずしも１００％というわけではない。そこで、そういった工場の余剰生産能力を活用して、コストを抑えながらＰＢ商品を生産している」とのこと。

現在はフードラップ、ビニール手袋、ストロー、持ち帰り用カトラリー、ティッシュペーパー、トイレットペーパー、食器用洗剤など約20アイテムを展開しており、今後、さら

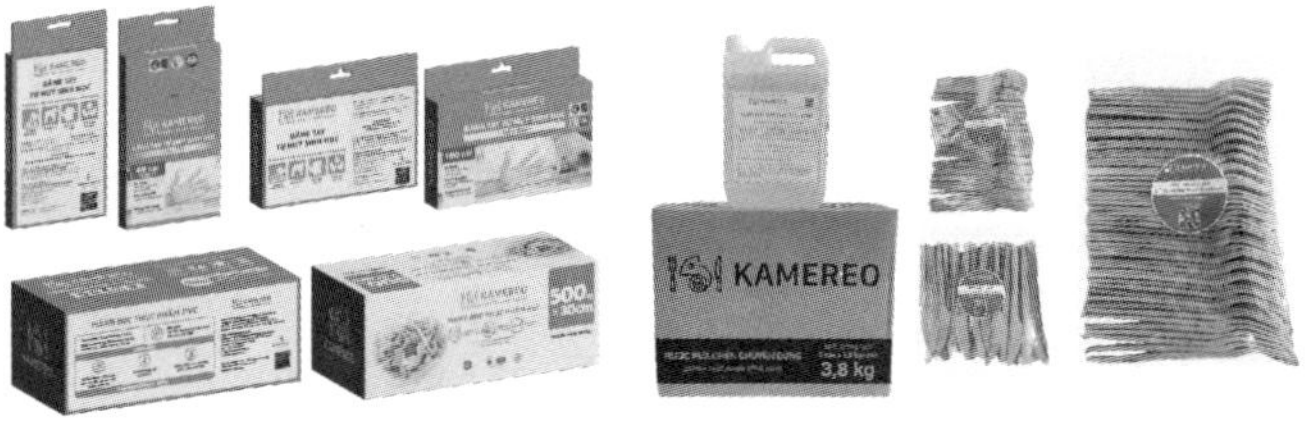

KAMEREOのプライベートブランド商品の一部

に拡大する予定ということです。こういった取り組みが奏功すれば、飲食店や小売店への販路がさらに拡大していくかもしれません。

そのほかの展望については「２０２４年度には現在稼働中のダラット高原野菜集荷場に加えて、メコンデルタ果物集荷場の稼働開始を予定している。この集荷場が稼働すれば、野菜だけでなく果物についてもより安価に安定して供給できるようになる」と田中さん。

また、中長期的には「ダラット市〜ホーチミン市の市場を万全なものにすることができたら、今度はハノイ市を中心とした北部でのコールドチェーンの構築にも乗り出したい。そして、いずれはベトナムだけでなく、その他のＡＳＥＡＮ諸国での展開も検討したい」と力強く語ります。

物流網が未成熟な国・地域において、ＫＡＭＥＲＥＯの仕組みは歓迎されるはず。まさに「情熱」を持って飲食店や生産者と向き合ってきた田中さんだからこそ着想し、推進できたビジネスといえます。ソフトとハードの両面からＡＳＥＡＮの食材流通にイノベーションを巻き起こしてくれそうなスタートアップです。

中高級の飲食店に特化したフードデリバリーサービスで飲食店ＤＸを推進

――Ｃａｐｉｃｈｉ（キャピチー）

◆Ｇｒａｂと差別化をはかりながら奮闘中

今や世界中を席巻しているＵｂｅｒ。その東南アジア版といえば、本書でもすでに何度か紹介しているＧｒａｂがなんといっても有名ですが、ベトナムのフードデリバリーに関しては、実は日系スタートアップのＣａｐｉｃｈｉも着実に頭角をあらわしてきています。

Ｃａｐｉｃｈｉは今、「A world where people's hearts will be full without any

現在のサービスラインアップ

borders.」（どんな人々の心も満たされる世界）をビジョンに掲げ、飲食店のフードデリバリーとテーブル予約ができるグルメアプリ「Ｃａｐｉｃｈｉ」と飲食店モバイルオーダーシステム「Capi Order」、飲食店特化ＰＯＳシステム「Capi POS」を運営中。この３つのシステムを軸に飲食店ＤＸを積極的に推進しています。

同社がハノイ市で創業したのは２０１９年のこと。その後、２０２０年にコロナ禍を機にハノイ市でフードデリバリーサービスのＣａｐｉｃｈｉを開始し、現在はハノイ市、ホーチミン市、ダナン市、ビンズン省の４地域を拠点にサービスを展開中です。

フードデリバリーサービスの代表格であるＧｒａｂがローカルフードやグローバルチェーンのメニューを取り扱っているのに対し、Ｃａｐｉｃｈｉは中高所得者層をターゲットとし、日本食や西洋料理といった中高級の飲食店を厳選掲載しているのが特徴。その独自性で人気を集め、２０２３年12月時点で累計利用者数が16万人、契約店数が２０００店舗に達しています。

◆オフショア開発に携わった経験を生かして起業

Ｃａｐｉｃｈｉ代表の森大樹さんは起業前に、ハノイ市でオフショア開発などを手掛けるローカルのＩＴ企業で働いていた経験があります。聞けば「社会課題の解決に取り組むためにも、新興国の生活を体感したい」という一心で、２０１７年10月、20歳のときに当時在学中だった神戸大学を休学してベトナムに渡り、働きはじめたそうです。

「当時はベトナムでのオフショア開発が盛り上がりを見せており、ＩＴ業界はどの会社も景気が良く、仕事が膨大にあった。それなりに営業能力があるシステムエンジニアであれば、独立してもうまくやっていけるような状態だった」と振り返ります。

当初、森さんはこのＩＴ企業で日本市場向けの業務に携わっていました。業務に追われる毎日だったそうですが、「周囲が活気にあふれており、おのずと自分自身もポジティブになれたし、ベトナムでの暮らしも最高に楽しかった」と言います。

一方で、業務に打ち込むなかでベトナム人エンジニアたちのスキルの高さを実感した森さんは「ベトナムには優秀なエンジニアがたくさんいるから、自分は彼らのスキルを生かせるような仕事に徹したほうがよい」と感じ、プロジェクトマネージャーとしての役割を担うようになっていったといいます。

ところが、プロジェクトマネージャーとして、顧客とエンジニアの間に入るうちに、今度はコミュニケーションエラーという課題に直面したそうです。

「顧客の要望がエンジニアに正確に伝わっておらず、トラブルになるケースが目立ったので、これまで以上に顧客との密なコミュニケーションに努めた。日越間のIT事業ではこのあたりが非常に重要で、実際にうまくコントロールできているIT企業は成長し、そうでないところは業績が悪化していくという状況を目の当たりにしてきた」と森さんは話します。

その過程で多くの経営者や経営幹部に出会ったことが、森さんにとって大きな転機になりました。

「多くの人たちが『20歳の若者がベトナムで働いている』ことに関心を持ってくれた。『若くしてベトナムで起業する』ことに価値があるし、成功しても失敗してもチャレンジそのものが糧になるのではないか」と考えるようになったのです。

それと同時にオフショア開発に携わってきた経験から、森さんはＩＴを活用したビジネスをするにしても別の道を検討することにしました。

「オフショア開発でもしばらくは利益を得られるかもしれないが、システムエンジニアの人件費が毎年急激に上がっていくなかで、それだけでは事業が先細りになっていくのは間違いないと感じていた。実際、２０１８年ごろだったら10万円ですんでいた案件が今では15万円くらいかかったりするほどなので、振り返ってみても、新しいサービスを立ち上げたのは正解だったと思う」と話します。

◆泥臭い営業スタイルでビジネスチャンスを掴む

こうした経緯を経て誕生したＣａｐｉｃｈｉですが、それにしても、なぜ森さんはこの分野に着目したのでしょうか。

「先進国と違い、ベトナムにはまだＢｔｏＣのサービスがあまりなかったのでビジネスチャンスがあると感じた。特に食の分野はすべての人に関係があるので、その分だけ可能性があるように感じていた。起業当初はマス向け、特に若いベトナム人向けに飲食店を動画で探せる『動画版食べログ』のようなサービスを展開していた」と森さんは話します。

その後、コロナ禍のなかでフードデリバリーサービスを展開しはじめた森さん。とはいえ、ベトナムの外食市場を見渡すと、中高級に特化したとしても飲食店の大半はローカル資本であり、そこに日系のスタートアップが食い込んでいくのはかなりハードルが高いように思われます。

ですが、森さんは持ち前のポジティブなマインドで飛び込み営業を展開。「大衆向け店舗では多くの店主から『宣伝になるのであればＯＫ』という返事をもらえた」そうです。ただ、一部の高級レストランの理解を得るのは大変で、「掲載店のラインアップが充実してから再訪し、あらためてＣａｐｉｃｈｉの良さをアピールしに行くことも多々あった」と言います。

ちなみに、ローカル資本のレストランの場合、チェーン展開しているところはほとんどありません。そのため、一軒一軒を泥臭く営業して回る必要がありましたが、森さんは常に前向きに取り組んでいきました。

結果、「中高級の飲食店のラインアップが着々と充実していった。この層に特化したフードデリバリーサービスがなかったこともあって、ベトナム人で外国の料理が好きな中高

店舗での打ち合わせの様子

所得層の人々、日本人や外国人のベトナム在住者の皆さんにとても喜んでもらえた」と森さんは笑みをこぼします。

ＩＴやＤＸというと机上ですべてが完結するというイメージがあるかもしれませんが、その仕組みを構築するには泥臭い取り組みが欠かせません。このあたりに「情熱」を持って、愚直に取り組めるかどうかが、成否の分かれ目になるのだと思います。

◆コロナ禍のピンチをチャンスに転換

ところが、もう少しで黒字化する見込みが立ちそうな矢先にコロナ禍が激化、肝心の飲食店が営業停止となり、一時は売上がゼロになるなど、一転して同社は窮地に陥ってしまいました。

しかし、森さんはこのピンチをチャンスと捉え、ステイホーム期間における巣ごもり需要に注目。飲食店にフードデリバリーの重要性をアピールするとともに、契約店舗の取り組みやサービスをアプリや自身のSNSを通じて、積極的に紹介していきました。

すると、ステイホーム期間に販路を模索していた飲食店から頻繁に声がかかるようになり、契約店舗が急速に拡大。それと並行するように、巣ごもり需要を背景に利用者が急増し、日本人駐在員だけでなく、ベトナム人の中高所得者の間でも使われるようになっていったそうです。

◆アフターコロナを見据えたサービス開発

こうした紆余曲折を経て、同社の社員数はサービス開始時の10名程度から今や60名以上に拡大。拠点もハノイ市だけでなく、ホーチミン市にも構えるまでになりました。

ちなみに、ホーチミン市でサービスを開始するにあたって、森さんは半年ほどホーチミン市に住み込み、拠点の設立準備と加盟店の勧誘に全力を投じたそうです。

「コロナ禍でＣａｐｉｃｈｉの知名度が高まっていたことも相まって、ホーチミン市での人気はすさまじく、２０２1年にサービスを開始してからわずか半年程度で売上も契約店数もハノイ市を超えた」と言います。

ただ、業績の急激な伸びを目の当たりにしながら、森さんは「コロナ禍の間の好業績はあくまでも一時的なもの」という認識を持っていました。「コロナ禍が収束したら、最悪の場合、7~8割くらい売上が減少する可能性もあると考えていた。コロナ禍の間はユーザーが1人当たり月間7・5~8回もアプリを利用してくれていたが、平常時に同様の数字を叩き出せるとは到底思えなかった」と。

　また、森さんはコロナ禍が収束してからＧｒａｂをはじめとした同業他社とキャンペーン合戦に陥るリスクも警戒していました。「1人当たりの利用回数がコロナ禍と同じくらいの水準であれば頻繁にキャンペーンを打っても問題ないが、平常時に同様の戦略を展開すると利益が著しく低下してしまう」ことを危惧していたのです。

　こうしたリスクを避けるため、森さんは２０２２年に飲食店モバイルオーダーシステムの「Capi Order」の開発に着手し、同年10月にサービスをリリースしました。これはＱＲコードを使って簡単に料理などをオーダーできるシステムで、Ｃａｐｉｃｈｉの運用で培ってきたメニューの見やすさや注文のしやすさといったユーザビリティと多言語対応（日本語、英語、韓国語、中国語〔繁体字・簡体字〕、ベトナム語、タイ語）を強みとしています。

　そのため、「スタッフの採用・教育が難しい」「外国人顧客とのコミュニケーションに難がある」「料理の魅力を顧客に伝えることが難しい」などの課題を抱える飲食店の間で人気を集め、はやくもベトナムを中心に２００店舗以上で導入されているそうです。また、２０２３年12月には日本でのサービス提供も本格的に開始し、今後は日本ではスマレジの

ＰＯＳシステムと連携するなどして事業を拡大していくとしています。

そのほかにも、同社はベトナムで独自のＰＯＳシステム「Capi POS」を開発するなど、新たな事業を展開中。これはＣａｐｉｃｈｉやCapi Orderなどのシステムと連携したＰＯＳシステムで、飲食店に特化したユーザビリティがはやくも評判になっています。

アフターコロナの動向を見極め、同社は飲食店の開業から運営、販促までを一貫して支援する体制づくりに注力したのです。

◆Ｃａｐｉｃｈｉの海外展開とブラッシュアップ

こうした新しい動きとともに、森さんはあらためてフードデリバリーのプレミア感の向上にも注力しています。

「Ｇｒａｂではは取り扱っていないようなマニアックだけどおいしい飲食店を発掘したり、他企業とコラボ商品を開発したりしながら、Ｃａｐｉｃｈｉの魅力を在住外国人やベトナム人の中高所得者などにより強く訴求していく。こうした取り組みを粘り強く継続していくことで、ＡＳＥＡＮのフードデリバリー業界でオンリーワンの存在になりたい」と森さんは話します。

TAGGERとコラボした限定の「ドラえもん弁当」

その取り組みの一環として、同社はTAGGER（77ページ参照）とコラボし、映画の公開や年中行事のタイミングに合わせて、Capichi限定の「ドラえもん弁当」などを販売。ベトナムに住む子どもたちを中心に多くの人たちに笑顔を届けながら、Capichiの独自性をしっかりと前面に押し出しています。

その上で「今後は予約サービスの展開も強化し、『自分に合ったおいしいものが見つかる』サービスとして、フードデリバリーの体験だけでなく、店内飲食の体験も大きく変えていきたい」と森さんは力を込めます。

ベトナムにおけるフードデリバリーサービスや飲食店でのオーダーの仕方、そして新しい飲食店の見つけ方を劇的に進化させたCapichi。ベトナムビジネスへの「情熱」に満ちたストーリーはこれからも続いていきそうです。

「距離を感じさせないコミュニケーション」で日系企業のITを支える
――VIETRY（ベトライ）

◆ベトナム人のIT人材を最大限に活用する

ベトナムのDXは紛れもなく優秀なIT人材によって支えられています。

しかし、日本とベトナムとではIT人材のマネジメントひとつとっても、勘どころなどが大きく違うはずです。そこで、2012年に100%日系資本で誕生したVIETRYのケースを紹介しながら、そのあたりを探ってみましょう。

VIETRYはブランディングテクノロジーのグループ会社として、本社の業務委託を請け負うかたわら、ベトナムに進出した日系企業のウェブサイトの制作、ドメインやサーバーの管理代行業務、オフショア開発などを手掛けているIT企業です。

その特徴はなんといってもコミュニケーション能力に長けたベトナム人社員を多数抱えていること。現在、同社の社員は約50人で、その大半がベトナム人。基本的な技術レベルの向上はもちろん、代表の小川悟さんは常に「距離を感じさせないコミュニケーション」に重きを置いています。

「現地法人の公式サイトをしっかりと制作・運用していこうと考えたときにもっとも障壁となるのが、『コミュニケーション』の問題。日本人同士でもウェブ関係のコミュニケーションは難しいとされているので、日本人とベトナム人とのコミュニケーションとなると、日本語が通じたとしてもエラーが生じやすい」と小川さんは指摘します。

Capichiの森さん（178ページ参照）も話していましたが、ただでさえ認識のずれが生じやすいIT業界の業務において、言語の問題は大きな障壁になるようです。

この問題に対応するため、VIETRYでは「顧客企業のウェブ担当者になったつもりで考えて動く」という指針を明確に掲げ、ベトナム人社員の教育を徹底してきました。

「ウェブ制作は『情報をデザインする仕事』なので、とにかく顧客とのコミュニケーションに力を入れ、情報をしっかりと吸い上げるように心がけている。ベトナム人社員にも顧客企業のウェブ担当者になったつもりでスピーディなレスポンスを心がけてもらうだけでなく、その考えや要望を把握し、方向性を擦り合わせながら仕事を進めることを意識してもらっている」と小川さんは話します。

制作したウェブサイトの一例（スターツのベトナム法人が運営するサービスオフィス「COCORO」のホームページ）

また、制作にあたっては、日系企業の顧客が大半を占めており、ターゲットの顧客層や市場に合うデザインや仕様などを意識し、提案するようにしているそうです。

ちなみに、私たちもＶＩＥＴＲＹにウェブサイトのコーディングなどを依頼していますが、その手際の良さ、Ｃｈａｔｗｏｒｋ（チャットワーク）などのツールを活用したレスポンスのスピードにはいつも驚かされています。担当のベトナム人社員とは日本語でのやりとりが可能で、気楽にコミュニケーションを取ることができますし、微妙なニュアンスの指示にも柔軟に対応してもらえます。

それに、すべてのやりとりをベトナム人社員が担うというわけではありません。複雑なコミュニケーションになると、ベトナム人社員をフォローする形で小川さんやその他の日本人社員も入ってきてくれるので安心です。また「ベトナム人社員が顧客企業の日本人経営者と膝を突き合わせて語り合うことは難しいので、そういった業務は私が担い、その内容を担当者にしっかりと伝えるようにしている」そうです。

ＶＩＥＴＲＹでは日本人とベトナム人の役割を明確にすることで、効率的に顧客満足度が高い業務を展開しているのです。

◆ベトナムのＩＴ人材の現状と付き合い方

そもそも、小川さんがＶＩＥＴＲＹを立ち上げたのは２０１２年のこと。折しもベトナムでのオフショア開発などが急速に脚光を浴びはじめていた時期です。ＶＩＥＴＲＹの親会社であるブランディングテクノロジーもまた、そんなベトナムのポテンシャルに着目した会社のひとつでした。

「本社でウェブ制作の案件が立て込み、ベトナム人の活用やベトナムでのオフショア開発などのステップを経て、２０１１年末からＶＩＥＴＲＹの立ち上げ準備に取り掛かった」と振り返ります。

とはいえ、事業を軌道に乗せるまでには幾多の困難がありました。たとえば、ＶＩＥＴＲＹを立ち上げた当初はコミュニケーションエラーだけでなく、業務の標準化にも頭を悩ませたそうです。

「最初のころは主に本社の下請け業務（オフショア開発など）を担っていたが、徐々にベトナムに進出している日系企業のウェブ制作なども手掛けるようになってくると、プログラミングの方法が標準化されていないなどの問題が顕在化してきた。時にはデータのコピーミスなども発生していたので、そういったケアレスミスが減るようなやり方を模索しながら、工数を抑え、日系企業に満足してもらえるクオリティを目指し続けた。おかげで今では多くの社員たちがマニュアルにもとづき、安定したクオリティを維持してくれている」と小川さんは話します。

もっとも、国策でＩＴ人材の育成をはかってきたこともあり、ベトナムにおけるＩＴ人

密なコミュニケーションを取る社員たち

材のレベルはきわめて高く、「よほど高いレベルを求めなければ、若年層を中心にＩＴリテラシーが高い人材は豊富にいる」と小川さん。

また「国民性について聞かれることも多いが、日本人が勤勉だといいながらサボる人はサボるのと同じで、ベトナム人でも頑張る人は頑張るし、そうでない人もいる。そのあたりはマネジメント層がしっかりと見極めなければならないところだが、それは日本でも他国でも変わらないはず」とも。

その上で、国籍の違い以上に注意しなければならないのがジェネレーションギャップだそうです。

「日本でもそうだが、Ｚ世代は『職場環境が合わない』『人間関係が難しい』と感じたらすぐにあきらめたり、会社を辞めてしまったりする傾向があるので、注意しないといけない。あとはどの世代についてもいえることだが、ベトナムの人たちは面子をとても大切にするので、どんなシチュエーションにあっても絶対に相手のプライドを尊重しないといけない。国籍や年齢に関係なく、誰にでも敬意を持って接することが大切だと思う」と小川さんはアドバイスします。

ベトナムの人たちに対して、「情熱」を持って接することができているかどうか、それがＩＴ企業のマネジメントにおいても重要になってくるのです。

◆ベトナムの採用市場を見据えた動きも検討中

ＩＴ人材が豊富にいる上に、以前のベトナムは人件費が安価だったこともあって、オフショア開発にしても、ウェブ制作にしても、圧倒的な価格競争力を誇っていました。しかし、人件費や物価が高騰するなか、ベトナムにおいても安価な労働力をウリにすることはできなくなってきています。

むろん、日本に比べれば依然として価格競争力はありますが、これからは豊富なＩＴ人材とその技術力によりフォーカスしていく必要があるでしょう。実際、そのあたりに着目

セミナーなどにも力を入れています

している外資系企業は今も多く、ベトナムではまだまだ海外向けのオフショア開発が盛んに行われています。

現にVIETRYでも「近年は顧客に対して値上げをアナウンスすることが増えているが、取引を継続していただけることのほうが多い。今後もしばらくはこの傾向が続くのではないか」と小川さんは予測しています。

しかし、そうはいっても価格競争力がなくなることで、単純なウェブ制作業務は目減りしていく可能性が高いですし、より単価が安いローカル企業などに案件が流れていく可能性も十分に考えられます。

そこで、小川さんは今後、顧客企業にコーポレートサイトだけでなく、人材採用に特化したウェブサイトやブランドサイトを提案していく方針を掲げています。

「日本の大手企業はいずれも採用サイトやブランドサイトを設けているが、ベトナムではまだそういった動きが少ない。自身の経験からも自社サイト経由のほうが定着率が高いので、そのあたりをまずはしっかりと見える化し、日系企業にアピールしていきたい」と小川さんは意欲的です。

また「ベトナム人の採用が困難になってきているのは何も日系企業だけではないので、徐々にローカル企業への浸透もはかっていきたい」とも話しています。

「情熱」を持ってベトナムのＩＴ人材のポテンシャルを引き出しながら日本のトレンドをキャッチし、ベトナムビジネスに生かす——。この好循環を生み出しながら、さらなる成長を遂げていってほしいものです。

「DX×コンプライアンス」というテーマで企業が抱える課題に向き合う

――VINA PAYROLL OUTSOURCING（ビナペイロールアウトソーシング）

◆人事労務系SaaS「terra」を軸にしたサービスを展開

ＤＸの事例を紹介するにあたって、最後に私が代表を務めるＩ－ＧＬＯＣＡＬグループの取り組みを紹介したいと思います。

現在、Ｉ－ＧＬＯＣＡＬグループはベトナムのホーチミン市とハノイ市に拠点を設け、１０００社超の日系企業のベトナムビジネスをサポートしています。その取り組みは税務会計や人事労務、そしてＭ＆Ａ支援などのほか、クラウド型人事労務管理サービスとそれを活用した給与計算の代行サービスなど、多岐にわたります。

ベトナム、そして多くの素晴らしいお客さまの成長のおかげで、２０２３年9月には設立20周年を迎えることができました。しかし、ベトナムが先進国入りを目指す２０４５～２０５０年を視野に入れると、税務会計の領域においてもＤＸが必須であると考えています。

　そういった背景の下、Ｉ－ＧＬＯＣＡＬグループでは「ＤＸ×コンプライアンス」というテーマを掲げ、２０２０年にVINA PAYROLL OUTSOURCING（略称：ＶＰＯ）を立ち上げました。今後、大きな成長が期待できる人事系ＳａａＳ・ＢＰａａＳ分野でベトナムナンバーワンになることを目指しています。

　ＶＰＯでは「人事労務管理は新しいカタチへ」をコンセプトに自社開発した企業向け人事労務系ＳａａＳ「ｔｅｒｒａ」を軸にしたサービス展開を推進。ｔｅｒｒａは給与計算や社会保険手続きをはじめ、入社前の採用面接時からの情報管理、入退社手続き、勤怠管理、研修状況、人事評価といった各種人事労務管理の全工程をワンストップで管理・アウトソースできることを強みとしています。ベトナムに拠点がある企業の経営管理者のニーズに応えて開発しました。

　リーズナブルに導入できる上に、多言語かつベトナム法令に対応しているとあって、すでに幅広い業種・規模の企業の人事労務管理ＤＸをサポートさせていただいています。実際、２０２１年7月にローンチしたばかりですが、はやくも１５０社超に導入いただいているほか、今も常にクライアントの声に耳を傾けながら改善を続けているところです。

さらに、今後は日系企業のみならず、その他のグローバル企業、そして現地企業も開拓していきたいと考えています。

ベトナム経済がいわゆる「中所得国の罠」を回避し、先進国レベルに発展を遂げていけば、さらに多くの企業にとって「DX×コンプライアンス」が重要なテーマになります。

これは長年にわたって「情熱」を持って、多くの日系企業のベトナムビジネスを支えてきた当社ならではの視点であり、新たなサービス展開です。引き続きシステムとサービスのブラッシュアップをはかりながら、I－GLOCALグループとしてもそういったニーズに着実に応えていきたいと考えています。

「リープ・フロッグ現象」で急伸するベトナムのDX。しかし、この分野で実績をあげるには、たんに優れた技術を持っているだけでなく、ベトナムの社会課題を敏感に察知し、それに応えられるサービスを生み出さなければなりません。それには再三にわたって述べてきたように、ベトナムやベトナムビジネスに対する「情熱」に満ちた眼差しが必要になります。

それに加え、人口減少や高齢化といった先進国特有の社会課題に長年にわたって向き合い、その課題を乗り越えるためにもがき苦しみながら、新たなサービスやコンテンツを創出し続けてきた日本に一日の長があることも忘れてはいけません。

先進国ならではの先見性を強みとし、今のベトナムにマッチしたサービスやコンテンツを生み出していけば、日系企業にも大きなチャンスがめぐってくることでしょう。

第5章

復調した不動産業界で課題解決型のビジネスを展開

TOKYU Garden City の遠景

◆まだまだ成長の余地があるベトナムの不動産ビジネス

中間層の拡大によって、ベトナムのまちは進化し続けています。都市化が40％未満という状況も相まって、まだまだ開発の余地はあると見てよいでしょう。また、ベトナムでは政府が慎重に開発を進めているため、中国の「恒大集団リスク」のようなものがなく、今後も堅実に成長し続ける可能性が高いといえます。

とはいえ、ベトナムは社会主義国であり、すべての土地が国有財産となっています。そのため、不動産開発を手掛ける場合は、内資・外資にかかわらず、政府から土地使用権を取得し、使用権の範囲内で土地を利用することが定められています（利用期間は原則50年で、投資金額が多く、回収に時間がかかる場合については例外的に70年）。

このようにベトナムで不動産事業を展開するにあたっては、数々の規制をクリアする必要があるので、簡単にそれらの取り決めを紹介しておきたいと思います。

まず、外国の組織・個人の住宅については、住宅法で①建築投資ができる外国企業・個人が持つ場合、②企業や支店、駐在員事務所などがベトナムの組織であり、ベトナムに住所がある場合、③ベトナムへの入国ができる外国個人、に限って認められていることを押さえておきましょう。

ただし、一方で外国の組織・個人は外国の組織・個人から住宅を譲り受けることはできても、ベトナムの組織・個人から住宅を譲り受けることはできないなどの規制があることを念頭に置く必要があります。

総量規制も厳密で、外国の組織・個人が保有できる住宅の総量については①共同住宅の場合、全戸数の30％まで、②個別住宅の場合、プロジェクトごとの個別住宅の総軒数の10％まで（最大２５０軒）、と定められています。

利用方法にも制限があります。外国人は居住用建物を賃貸して家賃収入を得ることができますが、外国組織の所有住宅は社員居住用に限定されています。あくまで居住用としての購入が認められている状況ですが、最終的に転売することもできているようです。

さらに、ベトナムでは外国人個人での不動産事業は認められていないので、不動産事業を手掛けるのであれば、会社設立や出資が必須となることもしっかりと頭に入れておきましょう。

◆不動産ビジネスに関する規制などをチェック

こういった前提の下、不動産事業会社をベトナムで設立する場合にはどういった要件を満たすことが必要になるのでしょうか。

社会主義国だから大変そうだというイメージがありますが、意外なことに外資投資家の出資比率についての制限はなく、100%外資による会社設立も可能です。2021年に投資法が改正されるまでは最低資本金として200億ドンが必要でしたが、それも緩和されたので、かなり楽に設立できるようになったといえます。

また、不動産事業会社の株式を買収する場合においても、出資比率についての制限はありません。

その上で外資系企業が不動産開発プロジェクトを実施するためには、先述したように必要な範囲の土地使用権を取得する必要があります。

そして、その方法は①国家から直接リースを受ける、②工業団地、加工輸出区からサブリースを受ける、③土地使用権を含む投資プロジェクトの譲渡を受け取る、④合併会社設置の際に内資企業から現物出資を受ける、といった具合になります。また、土地使用権を含む不動産開発プロジェクトを有する会社にＭ＆Ａで投資する方法も多く行われています。このうち、①はかなりハードルが高く、②は範囲が限定的なので、多くの企業は③や④を検討することになるでしょう。

◆アフターコロナで盛り上がる不動産開発

さまざまな規制のハードルがあるものの、ベトナムの不動産事業には長年にわたって多くの外資系企業が投資を続けてきました。

しかし、実はコロナ禍の最中にあっては、ベトナム国内の不動産事業がほぼ停滞状態になっていました。ベトナムの大手不動産事業会社のトップが土地取引に関する汚職などで逮捕され、政府が不動産開発に関する許認可などを承認しづらくなったことなどが原因とされています。政府の承認がなければ新規開発が進まず、ゼネコンの仕事も止まり、業界全体が負のスパイラルに陥ってしまっていたのです。

とはいえ、コロナ禍以降、特に２０２３年第３四半期以降は不動産の流動性が改善され、大都市で中級レベルのコンドミニアムの流通市場がより活発化しています。

そのほか、外国人投資家（主に台湾、シンガポール、マレーシア、韓国）が高品質の開発用地を確保するために活発に動いており、積極的なＭ＆Ａや投資が行われています。ベトナムの国内企業に関してもビンホームズやナムロンなどのデベロッパーが、同年第４四半期以降に大規模なプロジェクトを立ち上げています。

もちろん、大規模開発を進めているのはローカル企業だけではありません。日系企業による大規模開発も進んでいるので、そのあたりの熱量は後述する東急のビンズン新都市の事例で感じ取っていただきたいと思います。

◆アフターコロナの需要を想定してサービスオフィスを開設

ベトナムの不動産市況が盛り上がるなか、新たな不動産投資や不動産の活用に乗り出す例も見られるようになってきました。日本で不動産・建設事業を手掛けるスターツ（ベトナム法人はSTARTS INTERNATIONAL VIETNAM）が２０２4年2月にホーチミン

COCORO のエントランス

市に開業した、「安心・快適・つながり・環境」をコンセプトにしたサービスオフィス「COCORO」もそのひとつです。

このサービスオフィスの強みとしては、リーガルリスクやオーナーとのトラブルを回避できるという点があげられます。

「ホーチミン市ではコワーキングスペースが増えているものの、外資の会社が登記できない物件も多いのが現状。また、せっかくサービスオフィスを借りて会社登記をしたにもかかわらず、運営会社やオーナーの都合で退去せざるを得ない状況に追い込まれるということもある」とSTARTS INTERNATIONAL VIETNAMでホーチミン支店長を務めている星克彦さんは言います。

そんな商慣習のなかで「外資系企業が成長

を遂げていくには、安定的なオフィス環境が不可欠」と星さん。そこで、同社は「そういった安心感に加えて、レイアウトや家具、追加のサービスでも入居者にとっての快適性を追求することで、本業を加速度的に伸ばす前段階（進出初期）のフェーズで、事業基盤を安定化させることに貢献したいと考えた」そうです。まさにこの入居者目線での安心感・快適性こそが、日系大手が提供するサービスの強みといえます。

今後の方針としては「日系6割、その他4割くらいの比率で契約者や利用者を増やしていきたい。同じ入居者同士で、違う国籍・業種のなかから新たなビジネスが生まれるような交流もサポートしていきたい。まずは気楽にベトナム進出が果たせるサービスオフィスという環境に身を置いてもらい、その後のビジネスの発展に必要な不動産の賃貸・取得に関してもトータルにコンサルティングしていくことで、各入居者のベトナム事業の成長に貢献したい」と星さんは言います。スターツに限らず、今後はこうしたサービスオフィスがホーチミン市やハノイ市といった都市部で増えていくかもしれません。

◆不動産価格の高騰にいかに向き合うか

他方、不動産価格の高騰などによって、ベトナムでは低所得者層向けの賃貸公共住宅の整備が急務となっています。多くの低所得労働者が低価格な賃貸物件を希望しているのに、そのニーズに応えられる物件がまだまだ不足しているのです。

特に都市部では低価格の賃貸住宅が不足しており、若者たちにとってはルームシェアが当たり前という状況が続いています。場合によっては、3～4人でひとつの部屋に住んでいるケースもあり、多くの若者たちが「ひとりの時間」を求めています。ベトナムの市街地にカフェが軒を連ね、多くの人たちが通い続けているのも、そういった住環境に起因するところが大きいのかもしれません。

こうした観点から、独自のビジネスを展開している日系企業のChidori Hospitalityの取り組みも非常にユニークかつ将来性があるので、こちらも後ほど事例として詳述します。

◆不動産に関する規制維持や緩和の動向をチェック

今後のトレンドとして注目しておきたいのは、2025年に施行される新住宅法と新不動産事業法です。

外資への規制が強化されることが懸念されていましたが、新住宅法は劣化した共同住宅の取り壊しを促してはいるものの、共同住宅の所有に対する統一的な期間の制限を課さないことになりました。新住宅法の検討段階では、建物の所有に対して制限が課され、不動産市場が縮小してしまうのではないかとされていたので、今回の改正で現状が維持されたのは実に喜ばしいことですし、当面はこの方針が維持されると考えてよいでしょう。

また、リーガルイシュー（土地使用権に係る費用、社会インフラ、土地分配などの問題）が徐々に解決されはじめているのもうれしい知らせです。

「住環境の改善」を目指したカフェで若者たちの心を掴む

――Chidori Hospitality（チドリホスピタリティ）

◆若者たちの住環境を目にしたときの衝撃が原動力に

Chidori Hospitalityの主な事業は「Chidori coffee in bed」（以下、Ｃｈｉｄｏｒｉ）というカフェの経営です。一見すると、不動産事業とはまったく関係のないことのように思えるかもしれませんが、実はこのカフェ、ベトナム人の住環境の課題解決に端を発した取り組みなのです。

「ベトナムに来た当初、ベトナム人の友人の家に招待された際、４畳半のワンルームを３人くらいでシェアしていた。その状況に驚くとともに、なぜベトナムのカフェがこれだけ多いのかがわかったような気がした。なにせ家に帰ってもくつろげないし、自分の時間をつくることができないのだから」と同社代表の齋藤壮さんは話します。

実際、ベトナムの都市部は１人暮らし用の賃貸住宅が不足し、価格が高騰しているため、多くのベトナム人、特に若者にとって、ルームシェアは当たり前の状況になっています。

そこで、齋藤さんは「ベッドが設置された半個室空間で、家にいるようにくつろげるカフェ」というコンセプトを考案し、2018年12月にChidoriの1号店をオープン。行政とのルール構築やコロナ禍の封鎖政策などの困難を乗り越え、2024年現在で10店舗を経営、年間50万人が利用するまでに成長を遂げたそうです。

Chidori の入口

◆若者たちを惹きつける仕掛けが満載のカフェ

しかし、無数にカフェがあるベトナムにおいて、カフェ経営で成功をおさめるのはそう簡単なことではありません。もともとゴールドマン・サックスで勤務した後、ヘッジファンドでリサーチ業務に従事していた齋藤さんは、そのことを十分に理解した上でこの事業に臨みました。

「前職での経験からベトナムのコンシューマ市場の拡大には期待していたが、飲食領域はリスキーだし、利益率も低いので投資しないと考えていた。しかし、実際にビジネスモデルを考える段になって、現地で根深い社会課題を解決することに何よりも意義を感じたし、自らの原体験がある領域なので、顧客のニーズが痛いほど実感できるＣｈｉｄｏｒｉのコンセプトが最適解だという考えに至った」と振り返ります。

結果的にカフェという業態を選びましたが、「アパートにすることもできたし、ホテルにすることもできた」そうです。

カフェ自体はまさにレッドオーシャンでしたが、Ｃｈｉｄｏｒｉのコンセプトはオープン当初から若者たちに支持されました。

「若い人たちが思い思いにくつろいでくれるのを見て、とてもうれしかった。もっとも多く来てくれる顧客は月に18回も来店してくれている。Ｃｈｉｄｏｒｉに来ることによって、上質な空間で、ひとりの時間を過ごしたり、友人と楽しい時間を過ごしたりしてほしいと心から思った」と齋藤さん。

半個室の洗練された空間で、おいしいコーヒーやスイーツを食べながらゆっくりと過ごすことができます

この「情熱」に満ちたコンセプトをより多くの若者たちに伝えるために、齋藤さんは「Z世代」にターゲットを絞り、大学の近くの繁華街などに店舗を展開することに。また、無印良品とコラボしてインテリアを整えるなど、さらに居心地の良さにこだわっていきました。

すると、こうした読みや努力が見事に実を結び、Z世代を中心にＣｈｉｄｏｒｉの知名度は急上昇していったそうです。

ただ、時には立地で失敗することもありました。それは学生がたくさん住んでいるエリアに出店してみたときのことです。「居住している学生人口の密度が高く、十分に商機があると思っていたら、他店舗よりも業績が著しく低くなってしまった」というのです。ですが、その失敗から「自宅からちょっと離れていても、着飾って外出するくらいの繁華街のほうがＣｈｉｄｏｒｉのブランドイメージに適していると実感することができ、ビジネスの方向性をより明確にすることができた。『Ｃｈｉｄｏｒｉはパジャマで行くようなブランドではない』と顧客に教えてもらいました」と齋藤さんは言います。

一方で、齋藤さんはマネジメント面でもさまざまな取り組みを実践しました。そのひとつが顧客管理システムの構築です。

「Ｃｈｉｄｏｒｉは70％という高いリピート率を誇っているが、その要となるのが独自開発した顧客管理システム。このシステムを使えば、どのスタッフであっても会員に対してカスタマイズされたサービスができ、より少ない人員でより多くの需要に対応できるようになっている」と齋藤さんは胸を張ります。


私もＣｈｉｄｏｒｉを訪ねたことがありますが、道路に面する物件をリノベーションした店内は上質なインテリアとも相まって洗練された雰囲気になっており、開放感もあって居心地バツグンでした。もちろん、若者たちで繁盛していましたが、ゆったりとした間取りになっているため、お互いの存在を気にすることなく、半個室の部屋で思い思いの時間を過ごしていました。

「今はあまりお金がないけれど、上質な暮らしを体験して、いつかはそれを実現したい」と思っている若者たちにとって、Ｃｈｉｄｏｒｉはまさに理想の空間。コラボ先である無印良品にとっても、若者たちに商品をＰＲする絶好の場になっていることでしょう。

個室タイプの貸し出しなども展開中

◆マルチブランドの展開を構想

齋藤さんは今、Ｃｈｉｄｏｒｉの店舗拡大に伴い、マルチブランド展開を見据えています。「Ｃｈｉｄｏｒｉに来ていたＺ世代の顧客が社会人になり、『居住環境の課題は不変でも内容が変化』する際に対応できる受け皿をつくりたいと思っている。同じ顧客を深掘りするためにもマルチブランド展開は必須で、ＬＴＶ（顧客生涯価値）の拡大につながる。日本の大手ブランドとの連携も視野に入れている」と話しています。

その上で「Ｃｈｉｄｏｒｉの最大の独自性は、将来、お金持ちになるベトナム人のＺ世代に安心感のある日本ブランドとして認識されていること」だと齋藤さん。

「Ｃｈｉｄｏｒｉはすでにホーチミン市内の中間所得者層以上のZ世代の30％が利用するブランドに成長している。ベトナム進出を考える日本の大手ブランドにとっても、弊社のノウハウがあれば何年もの時間や投資を省ける」と齋藤さんは自信を見せています。

◆先進国である日本で暮らしてきた経験を生かす

ところで、起業前にシンガポールでの勤務経験を持つ齋藤さんですが、なぜベトナムを起業の地に選んだのでしょうか。

「フィリピンにもシンガポールにも住んでみたが、ベトナムで仕事をするうちに、この国の成長性とエネルギー、そして住む人たちの勤勉さに惹かれた」と話します。

そして今、あらためて齋藤さんが自身の強みとして認識しているのが、「先進国で暮らしてきた経験だ」と言います。

「私自身が何か特別なスキルを持っているわけではないが、これまで当たり前のようにインフラが整備された日本で生活してきた分、生活者としてベトナムの暮らしに多くの『違和感』を覚えることができる。その違和感のなかにこそビジネスの芽があるので、それを丁寧に育てていくことで、ベトナムの社会や人に貢献していきたいと思う」と齋藤さん。

たしかに、日本という安心・安全でインフラが整った国で暮らしてきた私たちは、ベトナムでの生活やビジネスに不便さを感じたり、リスクを感じたりすることが多々あります。

齋藤さんのように日本で暮らしてきた経験や感性を大切にしながら、ベトナムやそこに住む人たちに対して「情熱」に満ちた眼差しを向ければ、自然と課題解決型のビジネスを生み出せるようになるはずです。

「日本」×「新しさ」でビンズン新都市を世界屈指のスマートシティに

――東急

◆東急のノウハウを生かしてゼロからまちをつくる

日系企業による大規模な不動産開発といえば、東急の取り組みが代表的です。東急はホーチミン市近郊のビンズン新都市（ビンズン省）において、国営企業のベカメックスＩＤＣと合弁会社（BECAMEX TOKYU）を設立し、大規模なまちづくりを展開中です。

ビンズン省はホーチミン市の北部に位置する人口約３００万人の省で、年間平均３％以上という安定した人口増加を続けています。ベトナム・シンガポール工業団地（ＶＳＩＰ）をはじめとした工業団地開発などのおかげで、ＦＤＩ（外国直接投資）がハノイ市を超え、全国2位になるなど、国際的にも注目を集めている地域です。

国家規模の開発が行われている TOKYU Garden City

ビンズン新都市の開発は旧市街に点在していた省政府機能を新都市に移転して、統合庁舎をつくり、その庁舎を中心として1000haの新都市を形成するというものです。

その過程でビンズン省とベカメックスIDCはまちづくりに関するノウハウ面でのパートナーを探し、100年超の歴史と「ジャパン・クオリティ」を有する東急に協力を依頼。東急もビンズン新都市の開発に可能性を感じ、合弁会社を立ち上げ、一丸となってまちづくりに臨むことになったのです。

◆美しく機能的な住宅が立ち並ぶ「TOKYU Garden City」

BECAMEX TOKYUがまちづくりをはじめた2012年のビンズン新都市には広大な敷地が広がるばかりでした。しかし今では、移転した省庁舎や行政関連オフィスはもちろん、BECAMEX TOKYUが手掛ける「TOKYU Garden City」には美しく機能的な住宅や商業施設などが立ち並びはじめ、開発が加速しています。

というわけで、TOKYU Garden Cityの概要を紹介していきましょう。住宅だけでも、ビンズン新都市の玄関口であるSORA gardensエリアの「SORA gardens I」に「SORA gardens II」、その名のとおり緑に満ちたMIDORI PARKエリアの「The VIEW」に「The GLORY」などの立派なマンションがあります。もちろん、住宅開発に伴って総戸数も増えており、2019年にSORA gardens Iが竣工した時点では約400戸でしたが、今では約2600戸に達しているそうです。

もちろん、マンションごとの個性にも東急らしさが光っています。SORA gardens Iは地上24階建てのツインタワーマンションで、ビンズン省初の高層マンションであるだけでなく、東急設計コンサルタントがコンセプト設計を担当するなどジャパン・クオリティにこだわった仕上がりになっています。

プールやジム、ゲストルームなどの施設も充実していますし、24時間のセキュリティ体制の下、コンシェルジュや設備員も常駐し、快適かつ安心・安全に暮らせるようになっています。そのほかの住宅についても、ジャパン・クオリティは一貫して重視されており、

建物やサービスにはいずれもジャパン・クオリティが行き届いています
（写真はいずれもSORA gardens Ⅰ）

ベトナム人はもちろん、多くの外国人居住者たちを魅了しています。

その評価は入居率にもあらわれており、SORA gardens Ⅰは90％超、SORA gardens Ⅱも80％に達しています。中古価格も向上しており、SORA gardens Ⅱの場合、80㎡（2ベッドルーム）のマンションが、分譲初期の価格（11万ドル前後）から1・5倍にまで上がっているそうです。

ちなみに、住宅開発を進める一方、BECAMEX TOKYUはサービスアパートメントも立ち上げ、自社所有、オーナー所有のものを含め、現在約250部屋を管理中。主な利用者は周辺の工業団地などで働くビジネスパーソンや出張者などで、高い稼働率を維持しています。

こうした人気の要因としてあげられるのは、やはり中間層の拡大です。

「マンションは全戸数の30％までしか外国人に販売できないので、簡単にいうと、400戸の分譲マンションをつくった場合、そのうち280戸をベトナム人に販売する必要がある。進出当初は現地の方々にとってはまだ価格が高く、そのためなかなか販売に苦労したが、最近ではベトナムの経済が急成長したことに加え、我々の施工や運営のクオリティを評価いただき、周辺の工業団地などで働くベトナム人からの問い合わせも増えている。以前に比べて格段に販売しやすくなった」とBECAMEX TOKYUで副社長を務める平田周二さんは話します。

◆多彩な施設とイベントで「Always NEW!」を実践

TOKYU Garden Cityには、魅力的な商業施設も次々と誕生しています。

２０２３年夏に開業した「SORA gardens SC」はその代表格。ビンズン新都市初のショッピングセンターで、イオンのスーパーマーケットを核に、ユニクロやコーナン、ＡＢＣマート、無印良品など、多くの日系ブランドが入居しており、連日、地域内外の住民たちでにぎわっています。２０２３年末にはニトリのベトナム1号店が同施設に開業したことでも話題になりました。

こうした発展を見るたびに、10年ほど前にBECAMEX TOKYUの事務所を訪問させていただいたときのことを思い出してしまいます。当時は行政関連の建物があるくらいで、ほかには道路しかない殺風景な景色が広がっていましたが、まさかこれほどのまちができあがるとは。しかも、これがまだ進化の過程、それもまだ2～3合目だということに驚きを隠せません。

SORA gardens SC で実施されている多彩なイベント

年を経るごとに発展していくビンズズン新都市ですが、そこには一貫して「『Always NEW!』というコンセプトが掲げられている」と平田さんは話します。

たとえば、飲食店やフードコートが立地しているＨｉｋａｒｉエリアもそのひとつ。

２０２２年にこのエリアは拡張され、より多くの料理を楽しめるようになりましたが、それだけではありません。コンポスト（飲食店から排出される生ゴミを堆肥化する設備）やアクアポニックス（施設内の池で養殖している魚の排泄物を栄養素として植物が成長する循環型農業の仕組み）が導入されたほか、施設内の植栽を「Edible Landscape」（食べられる景観）にする計画も進められているそうです。ここまでサステナブルな取り組みを進めている地域は、日本でもそうないでしょう。

医療や教育といった面でも、ビンズズン新都市はめざましい進化を遂げています。

医療については２０１９年に日本で医療機関の経営コンサルティングなどを手掛けるメディヴァが「ビンズンアーバンクリニック」を開業し、多言語対応で安心・安全な医療サービスを提供中です。

そして、教育に関しては大学や幼稚園、インターナショナルスクールなどがあります。

なかでも特筆すべきはBECAMEX TOKYUとビンズン省の台湾人経営者が2019年に立ち上げた「越華国際学校」というインターナショナルスクールでしょう。地域住民の協力を得ながら設立した学校ということもあり、地域住民の愛着も深いはず。これからも地域住民とともにその歴史を刻んでいってほしいものです。

そのほか、にぎわいを創出するエンターテインメントも充実しています。

2013年から日本のJリーグチーム「川崎フロンターレ」と提携し、毎年、親善試合や交流イベントが開催されているだけでなく、2021年には同クラブのサッカースクールが開校しました。

また、ビンズン省にはベカメックスIDCが経営する「ベカメックス・ビンズンFC」というクラブチームまであります。サッカーが大好きなベトナム人にとって、地元にクラブチームがあること、日本のプロチームが交流してくれることはとてつもなく喜ばしいことでしょう。

もちろん、BECAMEX TOKYUが立ち上げたスポーツ複合施設「SORA gardens Links」や「ベカメックス東急球場」も、スポーツ・文化の振興拠点として大いに活用されています。

スポーツ以外のイベントに関しても、ジャパンフェスティバル、中秋節、クリスマス、音楽コンサートなど、ビンズン新都市では毎月のようにユニークなイベントが開催されており、地域内外の人たちでにぎわっています。

こうした多様な要素を盛り込んだ「生きたまちづくり」こそが、東急が長年にわたって培ってきた強みなのでしょう。そして「今後も不動産開発だけでなく、まちのモノやコトを充実させていくことで、地域の価値を高めていく。それが私たちのミッションだと考えている」と平田さんは話しています。

◆バス路線がホーチミン市とつながることで新たな可能性が広がる

ビンズン新都市では、鉄道事業や路線バス事業を手掛けている東急の強みも発揮されています。

BECAMEX TOKYU はベトナム初の日系公共交通機関として、「KAZE SHUTTLE」（カゼシャトル）という路線バスを運行中。今や37台のバス車両を抱えており、新都市と旧市街を結ぶ主要路線のほか、新都市内の循環バスなどを展開し、総走行距離は１日当たり4700㎞に達しています。

現在、BECAMEX TOKYUはホーチミン市までの路線バスを計画中です。これが実現すれば、ビンズン新都市はホーチミン市で働く人たちにとっても居住地候補のひとつになるでしょう。

「東急沿線が住宅地として評価いただいたときのように、ホーチミン市においても『家賃が高くて混雑している都心よりも、家賃が安くて空気がきれいで家も広い郊外のほうが良い』『ビンズン新都市の住環境には興味があるが、ホーチミン市からバイクで通うのは大変』というニーズは確実にあるはず。そういった人たちを取り込むためにも、安くて安心・安全な路線バスを構築したい」と平田さんは話します。

それと同時に「ホーチミン市民の潜在的なニーズを取り込むためにも、施設のグレードをさらに上げていきたい。すでに日本食レストランもあり、おいしい寿司もうどんも食べられるが、それだけではホーチミン市に住んでいる人たちは満足しない可能性がある。今後は寿司店や鉄板焼き店などの専門店を誘致し、住んでいる人たち、これから住む人たちのニーズに応えていきたい。また、医療機関の拡充にも力を入れ、大学や研究機関に附属

すっかり地域住民に親しまれているKAZE SHUTTLE。イベントなども積極的に手掛けています

する総合病院などを開設できないか検討していきたいと思う」と平田さんは意気込んでいます。

◆日本での経験を生かしたまちづくりを進める

東急が手掛けるまちづくりといえば、東京の渋谷や田園調布をはじめとした東急沿線、最近では東急歌舞伎町タワーで話題になった新宿などが有名ですが、その根幹には常に「まちを面的につくる」姿勢があります。

「まちづくりはビルをつくって終わりではなく、その機能がまちににじみ出していくところまで想定しなければならない。それをこれだけ中長期にわたり、1000haもの敷地で実践させていただけているのは本当にありがたいことだし、日本ではなかなか経験できないことだと思っている」と平田さんは話します。

もっとも、東急が進出した当初のビンズン新都市は、何もない田舎町に過ぎませんでした。それだけに「工業団地しかない田舎に出て行ってどうするのか」「東急はベトナムの不動産ビジネスを何もわかっていない」と揶揄されることもあったそうです。

しかし、「それでも歯をくいしばってやってきたからこそ、今のビンズン新都市がある。そのことに誇りを持ちながら、これからも多くの日系企業と協力し、東急にしかできないジャパン・クオリティのまちづくりに取り組んでいきたい」と平田さん。

その上で「これまでの10年間は『住めるまち』にすることだったが、今後は来街者の誘致も視野に入れ、『来て楽しいまち』という側面も打ち出していきたい」とも。立ち上げから現在に至るまで、平田さんのように「情熱」に満ちたビジネスパーソンが大勢いたからこそ、ビンズン新都市はここまで発展することができたのでしょう。

かつて、日本では郊外型のニュータウン開発において、入居者を一斉に募り、同一世代の比率を極端に高めてしまったことがありました。それゆえに今では多くのニュータウンが急激な高齢化にあえぎ、ゴーストタウン化してしまっています。

こういった経験に学び、昨今の日本の不動産事業会社は段階的な分譲で世代のバランスを取るようにしています。東急もまたTOKYU Garden Cityにおいて段階的な分譲をしたり、分譲と賃貸を組み合わせたりすることによって、地域住民がうまく新陳代謝するようにしています。こうした知恵もまた日本が先進国であるがゆえに提供できるノウハウであり、今後、郊外に広がっていく都市化、住宅化の動きを考える上でも重要なポイントになりそうです。

第6章

拡大するインフラや電力需要に先進技術で応える

イーレックスがバイオマス発電燃料として注目したニューソルガム

◆都市鉄道が徐々に開業

ベトナムの街中を歩くと、慣れない人はバイクの数に驚愕し、道路を渡るだけでも緊張してしまうかもしれません。朝夕のラッシュ時ともなれば、その混雑具合は尋常なものではなく、歩道を走るバイクがあらわれるほどです。

こうしたなか、長年にわたって注目され続けているのが都市鉄道の整備です。ホーチミン市は2007年にホーチミン市メトロ計画（地下鉄部分を含む）を策定。2012年から日本のODA（政府開発援助）を活用し、大手ゼネコンとローカル企業による合弁会社がホーチミン市1号線（全長19・7㎞、ベンタイン市場〜スイティエン公園間）の工事を進めています。

中心市街地にあり、観光地としても有名なベンタイン市場とテーマパークがあることで知られるスイティエン公園を結び、1区の中心地とタオディエンという最高級住宅地を通る路線ということで、地域住民にとっても観光客にとっても注目度が高いインフラ開発です。ところがこの工事、膨らみ続ける事業費や費用の未払い問題、安全性の検証などで遅れに遅れているのです。

一方、ハノイ市では２０２１年にベトナム初の都市鉄道の２Ａ号線が開業。続く３号線は２０２４年８月に一部開業となりました。

ホーチミン市１号線の工事はほとんど終わっているとのことですが、今度こそ開業となるかどうかはフタを開けてみるまでわかりません。

ともあれ、これらの都市鉄道が完成し、交通渋滞の緩和が進めば、都市環境の改善につながることでしょう。

◆脱炭素の潮流のなかで求められる新たな電源

脱炭素はベトナムでも大きな潮流になっています。そのことを示すように、２０２１年の国連気候変動枠組条約第26回締約国会議（ＣＯＰ26）首脳級会合で、ベトナムは２０５０年までに温室効果ガス排出量実質ゼロを目指すと表明。

その後、ＣＯＰ28においては、①気候変動対応戦略やグリーン成長戦略、第８次国家電力開発基本計画（ＰＤＰ８）など、脱炭素化に向けた計画策定とその実施主体を構築したこと、②NDC（国が決定する貢献）にもとづく取り組みの実現で、JETP（公正なエネルギー移行パートナーシップ）を含む国際支援を得ながら進めていること、③エネルギー関連の法整備で、DPPA（電力直接購入契約）の制度設計も積極的に進めていること、を主張しました。

しかし、ベトナムの電源構成は依然として石炭火力発電に大きく依存しており、再生可能エネルギーの割合を増やす具体的な戦略も明確になっていない状態です。

まさにこのあたりは、日本の電力関連企業が力を発揮できそうな分野といえます。本章の事例として取り上げるイーレックスのビジネスはまさに、ベトナムが抱える電力問題に「情熱」を持って向き合うものになっています。

大気汚染の改善に関連する動向としては、ベトナム最大級のコングロマリットであるビングループが2017年に立ち上げたベトナム初の国産自動車メーカー、ビンファストの取り組みがあります。同社は2022年以降、EV専業メーカーにシフトし、2023年にはアメリカのNASDAQへの上場を果たしました。

また、ビングループの創設者であるファム・ニャット・ブオン氏が150億円を出資したベトナム初のEV専用タクシー会社、グリーン・アンド・スマート・モビリティーでは、ビンファストのＥＶを使用するなど、国内でも積極的にＥＶの浸透をはかっています。さらに、欧米やアジアなどのグローバルマーケットもしっかりと視野に入れたビジネスを展開しています。

ビンファストの２０２３年１～12月期の連結決算は57兆ドンの最終赤字でしたが、２０２４年は前年比の３倍に近い10万台を売上目標としています。通常の自動車の普及がまだ完全に進んでいないベトナムにおいて、ＥＶの普及はまだまだ先になるかもしれませんが、公共交通機関やタクシー、一部の自家用車などのＥＶ化が進めば、大気汚染を改善する一助になるはずです。

◆ＯＤＡの再活性化の動きにも注目

ベトナムにとって日本は第1位のＯＤＡ供与国ですが、このところはほとんどＯＤＡを拠出してきませんでした。

ところが、日越外交関係樹立50周年の節目となった２０２３年、日越両政府は日本からベトナムへのＯＤＡを再活性化することを確認。インフラ、ＤＸ（デジタルトランスフォーメーション）、グリーントランスフォーメーション、気候変動対応、ヘルスケアなどの分野に焦点を当てたプロジェクトを推進する意向を示しました。

今はＦＤＩ（外国直接投資）や観光、貿易などの面で、韓国やアメリカ、中国、台湾などがめきめきと存在感を示すようになっています。だからこそこのＯＤＡの再活性化は、あらためて日本の存在感を示す上でも大きな意味を持つと思います。

また、重要分野として示された項目は、いずれも日本がこれまでに直面してきた社会課題に通じるものであり、過去の失敗や経験を存分に生かすことができるはず。しかも、従来のＯＤＡといえばハード面一辺倒な観がありましたが、今回はソフト面がかなり強調されているので、これまでＯＤＡにあまり関係がなかった企業や業種にもチャンスがめぐってくるかもしれません。

こうしたマクロな動向にも注視しつつ、ベトナムビジネスの可能性を探ってみてほしいと思います。

脱炭素と未利用資源の活用、雇用拡大を目指してバイオマス発電を推進
——イーレックス

◆バイオマス発電を軸に多様なビジネスを展開

ベトナムでは経済成長に伴って電力需要が年率約10％の勢いで増加しており、依然として停電が多発しています。さらには自前の石炭と液化天然ガスの産出量が目減りし、電気や燃料を輸入せざるを得なくなって以来、電気料金が上がり、企業や国民の生活に負担をかけるようになってしまいました。

しかも、先述したようにＣＯＰ26を機に脱炭素への対応も求められるようになるなど、一刻もはやい電源の転換が求められています。

そこで、ベトナム政府が２０２３年に承認したのが「ＰＤＰ８」です。

この計画では２０３０年までに発電設備容量を15万４８９ＭＷ、発電量（輸入を含む）

ハウジャンバイオマス発電所の完成予想図

を約5670億kWhと設定（2022年の数値に対し、それぞれ1・9倍と2・1倍）。また、2030年にかけて石炭火力の割合を縮減し、その代わりにエネルギー移行期の電源として、液化天然ガスを含むガス火力を増やし、陸上風力の開発にも注力するとしています。さらにバイオマスや廃熱利用などの導入も検討するとされています。

こうしたなか、日本で5基のバイオマス発電所を操業するイーレックスは、ベトナムにおいて脱炭素とエネルギー資源の自国調達が両立できるバイオマス発電事業を軸に、バイオマス燃料の開発、石炭火力におけるバイオマス混焼による燃料転換（フューエルコンバージョン）などを展開しています。

現在、商用のバイオマス発電所としては初となる発電所を建設中であり、加えて2カ所においてPDP8

で優先度の高い案件として早期着工に取り組んでいます。また、バイオマス燃料として注目されているニューソルガム（以下、ソルガム）の試験栽培にも取り組んでいます。

◆バイオマス発電の利点を最大限に生かせる地域性

イーレックスがベトナムに注目したのは、コロナ禍がはじまる少し前のことでした。「バイオマス燃料としてソルガムを自社栽培することを計画していた際、ベトナムが東南アジアのなかでも土壌や日照時間などの観点からもっとも適していることがわかった。そこでホーチミン市近郊で栽培をはじめることにした」とイーレックスでベトナム発電プロジェクト統括を務める角田知紀さんは話します。

イーレックスのこの動きに反応したのは、電力問題に頭を悩ませ、手をこまねいていた省政府でした。そして、その声に耳を傾けるうちに、イーレックスは「ソルガムをはじめとした未利用のバイオマス資源が豊富に存在するベトナムでは、国内でバイオマス燃料を調達し、バイオマス発電を行うのがもっとも効率的。脱炭素を促進し、雇用を拡大するのにも適している」と確信するに至ったそうです。

広大な敷地で栽培されているソルガム

一方で、一般的に知名度が高く、エコでクリーンというイメージが強い太陽光発電については「稼働率が天候に左右されてしまうという欠点がある。いまだに停電が頻繁に発生するベトナムにおいては、現段階では80％以上の稼働率を誇るバイオマス発電のほうが向いていると思う」と角田さんは指摘します。

このようにしてイーレックスはベトナムが抱える社会課題を的確に捉え、「情熱」を持ってビジネスモデルを大きくシフトチェンジしたのです。

◆ＪＣＭにもとづいて３基のバイオマス発電所を建設・稼働

イーレックスは２０２４年度中にベトナム初のバイオマス発電所をハウジャン省で操業開始する予定で、イエンバイ省とトゥエンクアン省でもバイオマス発電所の着工の準備を進めているところです。

ちなみに、それぞれのスペックはハウジャン省（発電出力：20ＭＷ、燃料：年間13万ｔのもみ殻）、イエンバイ省（発電出力：50ＭＷ、燃料：年間50万ｔの木質残渣）、トゥエンクアン省（発電出力：50ＭＷ、燃料：年間50万ｔの木質残渣）といった具合になっています。

発電所の建設とあわせて、イーレックスでは2カ所でペレット工場を建設中です。「ペレット工場で製造されるバイオマス燃料としては、認証取得をしたペレットを予定している。製造されたペレットの一部は日本国内の発電所向けに利用される予定だ」と角田さんは説明します。

実をいうと、ベトナム製のペレットは供給の安定性や品質などの面から、あまり評価されてきませんでした。そこで、イーレックスでは万全の管理体制の下でペレットを生産し、

バイオマス発電所だけでなく、ペレット工場も建設中（写真は完成予想図）

イーレックスブランドとして販売していくそうです。

さらに、3省の発電所が操業した後、2025年からはカーボントレーディングのテストを実施するとのこと。

「3省の発電所はいずれも環境省のJCM（二国間クレジット制度）資金支援事業（設備補助事業）に採択されており、温室効果ガス削減の成果は日本とベトナムで分け合うことになる。ベトナム政府はかなり前向きに取り組んでくれているので、テスト段階をスムーズにすませ、ほかのバイオマス発電所でも横展開していきたい」と角田さんは話します。

◆石炭火力発電所のトランジションが秘めた可能性

バイオマス発電に加え、イーレックスが力を注いでいるのが石炭火力におけるバイオマス混焼による燃料転換です。その一環として、イーレックスはベトナムのビナコミンパワーホールディングスが所有または出資している石炭火力発電所において、バイオマス燃料の混焼・専焼を進めていくとしています。

「新しい発電所を建設するには3年もの歳月がかかる。しかしベトナムの石炭火力発電所はバイオマス発電所と構造がほぼ同じなので、調整を施し、石炭とバイオマス燃料の混焼、あるいはバイオマス燃料の専焼に切り替えることができれば、スピーディに脱炭素をはかることができる」と角田さんは力説します。

こうしたハード整備を進める一方で、イーレックスはベトナム進出のきっかけとなったソルガムの栽培にも取り組み続けています。２０２３年には初収穫が行われ、収穫されたソルガムの一部は試験造粒され、ペレット化に成功。同年末にイーレックスの糸魚川発電所（新潟県糸魚川市）でソルガムペレットと石炭の混焼試験が行われ、無事、発電・送電に成功しました。

ソルガムによるバイオマス発電の効率が上がり、より有用なバイオマス燃料となれば、それを栽培する人たちの雇用もさらに拡大していくことができるはず。今後の技術革新が待たれます。

◆大規模な国家プロジェクトゆえの困難

ところで、バイオマス発電所の建設にあたっては、国家プロジェクトということもあり、政府とのやりとりに苦心したそうです。

「ベトナムのルール、ビジネスのやり方を理解するのに苦労した。許認可ひとつとっても、ベトナム政府がゴーサインを出すだけでなく、省や市といったレイヤーごとに理解を得ていかなければ事が進まないことを肌で感じた。また、地方政府ごとに許認可に対する考え方が異なり、現場ごとの対応を大切にしなければならないことも実感した」と言います。

ただ、一方で「信頼関係が強固だと、信じられないはやさで許認可を出してくれたり、さまざまな相談に応じてくれたりすることもある」とも。

実際、「『日本から要人が訪越するので、イエンバイ省のペレット工場の竣工式を急いで開催したい』と要請したときには、投資登録証明書（ＩＲＣ）がまだ取得できておらず絶望的な状況だったが、通常３カ月ほど必要な手続きをわずか１週間ですませてくれた」と角田さんは話します。

もっとも、ベトナムにおいてそういった信頼関係を構築するには、今なお会食をはじめとした泥臭い付き合いが欠かせません。

「イエンバイ省の役場に朝９時に呼び出されて、書類の不備などで１時間半ほど叱られたが、その後、すぐに飲み会になり、お互いに酩酊するまで飲んだ。相手が役人であっても、ベトナムでは今もこういう付き合いが重視される傾向にある」と角田さん。

昭和のころのような話ですが、今もこのような話を耳にすることはたしかにあります。不正を働いたり、不正に加担したりするのは絶対にＮＧですが、お酒の場でのコミュニケーションなどは大切にしたほうがよいでしょう。

◆長期的な視点でベトナム投資を継続

２０２４年３月期のイーレックスのグループの業績は巨額の逆鞘などによって、１８４

億円の経常損失となりましたが、2025年3月期には逆鞘が解消され、小売り事業の成長、そして43億円の経常利益が見込めるとのこと。

また、2024年5月30日にはJFEエンジニアリングなど4社から出資を受け、第三者割当増資で118億円相当の株式を発行。そのうち83億円分をバイオマス発電などの海外事業に投資するそうです。

イーレックスがベトナムで建設を計画しているバイオマス発電所の数は18カ所、そのすべてが稼働するまでの道のりはまだまだ長いと思いますが、その「情熱」はたしかにベトナムの政府や人に伝わっているはず。

イーレックスの技術やノウハウがベトナムの電力問題に多大な貢献をし、日越間にとってJCMの枠組みも含めて、ウィン・ウィンなビジネスになることは間違いありません。

この事例を参考に、今後の日越間のODAの重点項目であるインフラ、DX、グリーントランスフォーメーション、気候変動対応、ヘルスケアなどと自社のビジネスに接点があるかどうか検討してみてはどうでしょうか。

【巻末座談会】
「ダナン三日月」の進出プロジェクトを振り返りながら「遅々としながらも着実に前進するベトナム」を語る

左から蕪木、加藤氏、関根氏、小高氏

関根正裕（せきね・まさひろ）

商工組合中央金庫 取締役社長
1957年生まれ。1981年早稲田大学政治経済学部卒業。同年、第一勧業銀行（現・みずほフィナンシャルグループ）入行。2007年西武ホールディングスに入社し、2008年に取締役に就任。2009年プリンスホテルの取締役常務執行役員に就任。2018年商工中金取締役社長に就任。

加藤勝彦（かとう・まさひこ）

みずほ銀行 取締役頭取
1965年生まれ。1988年慶應義塾大学商学部卒業。同年、富士銀行（現・みずほフィナンシャルグループ）入行。2013年ハノイ支店長に就任。その後、執行役員ソウル支店長、執行役員名古屋営業部長、取締役副頭取などを経て、2022年取締役頭取に就任。

小高芳宗（おだか・よしむね）

ホテル三日月グループ 代表
1987年生まれ。2010年ホテル三日月グループ入社。2013年ホテル三日月グループ代表に就任するも即辞任。2015年ホテル三日月グループ代表再就任。2018年スアンティエウ観光投資（ダナン三日月ジャパニーズリゾート&スパの所有運営会社）代表に就任。2023年三日月ホールディングス設立、代表に就任。

蕪木優典（かぶらぎ・ゆうすけ）

I-GLOCALグループ 代表
1972年生まれ。1994年慶應義塾大学経済学部卒業。1996年朝日監査法人（現・あずさ監査法人）に入所。1999年アーサーアンダーセンベトナム（現・KPMGベトナム）に出向し、2003年にベトナム初の日系資本会計事務所（現・I-GLOCALグループ）を創業。

ベトナム随一のリゾート都市「ダナン市」に日本文化を輸出し、ダナン市で最高額の投資を実行したホテル三日月グループ。圧倒的な「情熱」を持ち、不退転の決意でこのプロジェクトを推進し、成功に導いた小高芳宗代表の取り組みはまさにこの本のコンセプトに合致したものといえます。

そこで、巻末座談会として、「ダナン三日月ジャパニーズリゾート&スパ」(以下、ダナン三日月)のベトナム進出にあたって組成されたシンジケートローンのアレンジャーである商工組合中央金庫(以下、商工中金)の関根正裕社長、参加金融機関のひとつであるみずほ銀行の加藤勝彦頭取、そしてホテル三日月グループの小高芳宗代表に集まっていただき、ベトナムビジネスについて語り合っていただきました。

◆進出企業の増加とともに金融機関の役割も拡大

蕪木：まずは、金融機関のお二方にベトナムビジネスの近況から伺いたいと思います。みずほ銀行の近況はいかがでしょうか。

加藤：当行はホーチミン市とハノイ市に支店を置き、日系企業のお客さまとベトナム企業のお客さま、そしてベトナムに進出している外資系企業などのお客さまを中心に金融サービスを提供しています。

また、ベトコムバンクという現地の大手銀行に2011年に出資しており、現在もみずほ銀行から6人が出向しています。同行とはベトナムに進出している日系企業へのリテール業務のほか、現地通貨（ベトナムドン）建てのファイナンス、日系企業とベトナム企業のM&Aや提携などを協調しながら進めています。

さらに、当行はベトナムの決済アプリ最大手のMサービスにも出資し、「MoMo」というアプリを軸にフィンテックのイノベーションを推進しています。

蕪木：ＭｏＭｏは本当に多くのベトナム人や駐在員たちに利用されていますよね。現地のコンビニなどでもよくそのロゴを目にすることがあります。商工中金はどうでしょうか。

関根：２０２３年10月にハノイ市に海外５拠点目となる駐在員事務所を開設しました。ベトナムは平均年齢が若く、市場性と活力に満ちているので、その可能性を最大限に引き出しながら「企業の未来を支えていく。日本を変化につよくする。」という商工中金のパーパスを実現したいと考えています。

蕪木：ニューヨーク、上海、香港、バンコクといった要所に次ぐ、５拠点目がハノイ市ということでうれしく思います。ベトナムの景況感についても伺いたいと思うのですが、どのような印象をお持ちですか。

加藤：私は２０１３年から２０１６年まで支店長としてハノイ市に駐在していたのですが、その間だけでもかなりの変化がありました。私が赴任した約１年後には日本のＯＤＡ（政府開発援助）によってニャッタン橋（別名：日越友好橋）やノイバイ国際空港第2ターミナル、そしてそれらをつなぐノイバイ空港〜ニャッタン橋間連絡道路が完成しました。その影響もあり、ハノイ市の市街地のバイクが減り、自動車が増えるなど、雰囲気が大きく変わっていったのです。

ただ、ベトナムは劇的に変化するわけではなく、遅々としながらも着実に前進していくという印象です。「政治や法体制がネックになって、なかなか開発が進まない」という要素もありますが、慎重な分、日本におけるバブル崩壊のような事態が起きづらいという利点があります。

といっても、経済成長は堅調で、コロナ禍で少し落ち込んだものの、昨今は米中対立などの影響もあって、中国に代わる海外拠点として大いに注目されています。

関根：加藤さんがおっしゃるようにベトナムへの注目度は年々高まっている印象があります。事実、商工中金のお客さまでベトナムに進出した企業は2017年で累計175社、2020年で同489社、2023年は同530社と増加傾向にあります。おかげさまで、新設したハノイ市の駐在員事務所にも問い合わせが数多く寄せられているところです。

米中対立や日本の人口減少といった社会情勢のなかで、ベトナムが製造拠点としてだけでなく、市場やサプライチェーンの一部と捉えられるようになってきた証左といえるでしょう。

◆苦難を乗り越えた末のダナン三日月の快進撃

蕪木：お二方の言葉から、ベトナムが堅調な成長を遂げていることがあらためてよくわかりました。

さて、続いて商工中金がアレンジャーを務めたシンジケートローンを活用し、ベトナム中部のリゾート都市であるダナン市に進出したホテル三日月グループの話題に移りたいと思います。ホテル三日月グループは「ダナン三日月」を２０２２年６月１日にグランドオープンしましたが、まずは最新の動向からお聞かせください。

小高：宿泊と日帰りのお客さまを合計すると、初年度が49万人、２年目が前年比１３５％で約66・５万人となりました。東洋のハワイと呼ばれるダナン市には約30軒もの５つ星ホテルがあるのですが、この数値はそのなかでもトップです。売上に関しては、初年度は14・５億円、２年目は前年比１５５％の約22・５億円（現在の為替レートだと約27億円）となりました。

ちなみに、国別の宿泊客の割合は初年度は1位がベトナム人で54％、2位が韓国人で20％となっており、日本人は4％程度でした。2年目は1位が韓国人で49％、2位がベトナム人で24％となっており、日本人は6％となっています。

これらの数値はおおよそ2017年に書いた目論見書と同水準の結果であり、GOP（ホテル営業利益）については当初予測を上回り、45％となりました。

「日本文化の発信基地」「外国人の『親子3世代』に親しまれる5つ星ホテル」「5つ星なのに4つ星クラスの料金で宿泊できるウォーターパーク付きホテル」といった点が高く評価された結果だと感じています。

蕪木：ホテル三日月グループがダナン市への進出を果たすには、商工中金がアレンジャーを務め、みずほ銀行や三井住友銀行、千葉銀行、京葉銀行、千葉興業銀行、銚子信用金庫が参加したシンジケートローン（総額90億円）が不可欠だったかと思います。小高社長は当時、どのような思いを抱いていたのでしょうか。

小高：まずは実力未知数の2代目ぼんぼんである私にこれだけの融資をしてくださったこ

とに感謝の気持ちを述べさせていただきたいと思います。振り返ってみると、当時はかなりのプレッシャーを感じていました。よほどの「経済合理性」と「情熱」と「愛」がなければシンジケート団の皆さんの総意を得られないと考えていましたから。

また、その後もベトナム企業の100％M&A（13億円を2回払いで、最初に3分の2の株式を取得し、次に残り3分の1の株式を取得）やクロージング条件付きのSPA（株式譲渡契約書）の締結、建築許可の取得、商品設計や組織組成、日系企業初の土地使用権の口頭入札など、それぞれ判断を一手も間違えられないような状況が続きました。

そのため、融資審査→融資内示→融資実行→国外送金→建築工事開始→グランドオープンといったフェーズごとに「最悪のシナリオを想定して、一歩ずつ最高のシナリオを歩む」という考えにもとづいて事に当たってきました。場面によっては「せっかく会社が買収できて、融資も実行されたのに、ベトナムに送金するまでの数日内に富士山が噴火したらどうしよう」といったことまで想像していました。

蕪木：小高社長のご苦労は側にいた人間のひとりとして、痛いほどよくわかります。あれだけのプレッシャーを乗り越えられたのはまさに小高社長の人間力の賜物ではないでしょうか。

ところで、皆さんはどういった思いで、ホテル三日月グループのベトナム進出を支援することにしたのですか。まずはホテル三日月と縁が深い関根社長にお話を伺えればと思います。

関根：もともとホテル三日月グループとは先代のころからお付き合いがあり、しっかりとした信頼関係がありました。とはいえ、普通の5つ星ホテルをダナン市に建設するという話であれば、計画自体、疑問に感じたかもしれません。すでに5つ星ホテルが軒を連ねているところに進出して勝ち目があるのか、と思ってしまいますから。

しかし、ホテル三日月グループの計画を拝見すると、これからのベトナムの経済成長や人口動態を見据え、現地の親子3世代をターゲットにしようとしていました。この狙いはほかの5つ星ホテルにはないものでしたし、「日本文化を輸出する」というコンセプトも素晴らしいと感じ、融資を前向きに検討することにしました。

蕪木：たしかに、普通の5つ星ホテルであれば、群雄割拠のダナン市において成功をおさめるのは難しかったかもしれませんね。加藤頭取はどうでしょうか。

加藤：私たちは日本企業のグローバル展開を積極的に支援していますし、当行の前身の一社である日本興業銀行はエンターテインメントビジネスやリゾートビジネスを支えることをミッションのひとつとしてきました。

そういった背景もあって、千葉第二部（現・千葉法人部）経由でこのシンジケートローンの話をいただいたときにはとても関心を持ちましたし、商工中金さんがアレンジャーということでしたので、ぜひご一緒させていただこうということになりました。

蕪木：みずほ銀行の本分と伝統が感じられるお言葉をありがとうございます。そういえば、関根社長はダナン三日月に2回も宿泊されたそうですね。

関根：宿泊したのは平日だったのですが、多くの宿泊客がいて驚きました。部屋もプールも広くて開放的だし、日本文化の風情も宿泊客を満足させていました。レストランのビュッフェの品数とクオリティにも舌を巻きましたね。

そして、何より従業員の笑顔が最高でした。まさに日本式のおもてなしの文化が浸透していると感じました。

小高：身に余るお言葉をありがとうございます。当社では日本でもベトナム人を積極的に雇用したり、研修を受けてもらったりして、日本のホスピタリティをしっかりと学んでもらっています。そういった経験を経た社員たちがダナン市でも活躍し、お客さまに心から笑顔を振りまいてくれているのです。

蕪木：日越のウィン・ウィンのビジネスモデルを見事に体現されていますね。とても素晴らしいことだと思います。

さて、今回のシンジケートローンのアレンジャーを務めた商工中金の関根社長に伺いたいのですが、商工中金がこういった形でシンジケートローンを組成する機会は増えているのでしょうか。

関根：商工中金の場合は、地域金融機関と連携して組成するケースが増えています。

海外や再生のプロジェクトとなると、金融機関単独ではお客さまのニーズに対応できないケースもあるので、私たちが資金だけでなく、ノウハウを提供しながら一緒に取り組むような形です。今では100を超える地域金融機関と業務連携協定を結び、全国各地でさまざまなニーズに対応しています。

◆ベトナムは「人」を成長させる

蕪木：小高社長はベトナムビジネスにチャレンジしてみて、どのようなことを感じましたか。

小高：ベトナムでのビジネスは経営者だけでなく、多くのビジネスパーソンにとって多大な学びがあります。

ホテル建設を例にとると、かつては日本中で大型ホテルが建設されていましたが、今の日本ではリフォーム案件が多く、大規模な新築建設に関われる機会がありません。その点、ベトナムでは至るところで大型ホテル建設が行われており、その現場に携われる機会があります。

これは実に得がたい経験ですし、同じようなことが建設にかぎらず、さまざまな領域に存在します。「人」を成長させる機会があちこちにあるのです。だから、特に若い人には積極的にベトナムをはじめとした新興国に渡り、「情熱」と「愛」を胸にビジネスにチャレンジしてほしいと思いますね。

加藤：非常に共感します。大手金融機関のなかでベトナム拠点の支店長（ハノイ支店長）を経て頭取になったのは私だけだと思うのですが、ベトナムで支店長として働いた経験は本当にその後の人生で役に立ちました。
ハノイ支店では規模こそ小さいものの、中長期的な視点で戦略を練り、それに即して人手やコンプライアンスを整え、営業や事務を回していくという一連の経営プロセスを経験できました。
また、ベトナムという国を大局的に捉えながら戦略を練る習慣が身についたおかげで、その後、名古屋営業部長として東海・北陸地方の営業戦略を練ったときにもマクロな視点で物事を捉えることができました。ベトナムでの経験は今の私にとっても大きな糧になっているのです。

蕪木：加藤頭取の前例のないキャリア形成は新興国に駐在するビジネスパーソンにとって、

大きな励みになると思います。本書の巻頭インタビューで経営学者の入山章栄教授が「ベトナムは日本の〝裏庭〟ではない」とおっしゃっていましたが、まさにそのことを実感しました。

小高：蕪木さんが言うとおり、ハノイ支店長を経てメガバンクの頭取になるという経歴は類を見ないので、アジアのビジネスに携わる日本人全員に勇気を与えたと思います。また、そういった流れとともに、企業が投資マネーと優秀な人材をASEANやベトナムに送り込む風潮が一層加速してきているように思います。

その上、ベトナムには夢があります。日本は新進気鋭のブランドが成り上がりにくい歴史と風潮があり、国内ではホテルオークラや帝国ホテル、ホテルニューオータニといったホテルの御三家には到底、太刀打ちできません。

しかし今回の進出で、新しいブランドを積極的に受け入れてくれるベトナムであれば、「ホテル三日月《ミカジュキ》」の名前を日本の超有名ホテルよりも広めることができるという手応えを感じました。これはほかの業界の皆さんにとっても、モチベーションになる話ではないでしょうか。

また、利益を出していく上でもベトナムには素晴らしい利点があります。本業の売上を伸ばしていくのは当然として、国の成長とともに金利などの運用益（営業外収入）で稼ぐことができるからです。

しかも、鉄筋鉄骨コンクリート造の建物の減価償却が日本の約半分（25年）であり、ダナン三日月のお客さまの95％が日本人以外ということもあって、BS（賃借対照表）でもPL（損益計算書）でも稼いで、時間と外貨も稼ぎつつ、日本旅館の輸出、日本文化の発信を実現できています。

※ベトナム人の発音だと「ミカヅキ」が「ミカジュキ」に聞こえることが多い。

◆〝潮目〟の見極めがベトナムビジネスのカギ

蕪木：どの業種においてもいえることですが、日本にあってベトナムにないところ、ベトナムにあって日本にないところをうまく掛け合わせれば、成長性に満ちたビジネスを生み出すことができます。ウィン・ウィンのビジネスモデルを描き、実践していくことがベトナムビジネスの要諦だと思うのですが、小高社長はホテル・旅館業界において、日本の強みがどういったところにあると思われますか。

小高：たとえば、日本のホテル・旅館業界では、多くの宿泊施設が団体旅行の受け入れに注力して大型化した後、個人旅行の時代になって次々と倒産、今は個人旅行や家族旅行、あるいはインバウンドをターゲットにホテル・旅館ごとに個性的なコンセプトを打ち出す時代になっています。

こうした歴史を知っていることは日本をはじめとした先進国のアドバンテージであり、経営戦略に生かすべきところだと思います。

関根：その際には〝潮目〟を見極め、適切な経営判断を下すことが大事になると思います。

加藤：〝潮目〟という点ではカーボンニュートラルの動きに注目すべきです。ベトナムの電源は主に火力発電なのですが、世界的な脱炭素の潮流にあって、多くのグローバル企業がカーボンニュートラルに取り組まなければならなくなっています。そのため、今後は低炭素化への移行を促す金融手法であるトランジション・ファイナンスがますます重要になってきますが、現在のベトナムではその資金も技術も不足しています。

そういったときこそ日本の出番です。官民協働でファイナンスの組成から参画し、脱炭素に向けた仕組みをつくっていかなければなりません。

蕪木：そういった先進的なビジネスを展開する上では、規制の問題がネックになりそうですね。

関根：おっしゃるとおりです。ベトナムの銀行からは資金調達が難しい上に外貨規制などがあるので、大規模なプロジェクトとなるとまさに官民協働で進めなければなりません。

蕪木：規制という点では、その変化をいちはやくキャッチして有効活用する視点が重要だと思います。たとえば、ベトナムにある資産を日本にどうやって還流するかといった問題があります。

そこで、I－GLOCALではこのほど、利益配当だけではなく、資本金を減資して日本に送金するというスキームに取り組みました。数年前までは難しいとされていたスキームなのですが、政府の許認可も得られ、無事に成功させることができました。

会計系コンサルティングファームとして、こうした新たな変化と選択肢をスピーディに捉えて進出企業の皆さんにご提示していければと考えています。一例としては「ホテルや工場の立ち上げに膨大な資本金が必要だったが、減価償却も終わり、内部留保がふんだんにある」といった企業にとって、この減資のスキームはとても有用だと思います。

◆着実な前進にマッチしたビジネスを創出

蕪木：今後のベトナムビジネスについて、どのようなプランを立てていますか。まずは加藤頭取と関根社長に伺えればと思います。

加藤：ベトナムのGDP（国内総生産）が長期的に成長し続けていくには、経済基盤のさらなる安定が不可欠です。たとえば、ものづくり以外の産業振興や雇用の拡大も重要な要素のひとつです。

ベトナムの産業といえば、ものづくりばかりが注目されがちですが、実は農業大国でもあります。カシューナッツの生産量が世界3位、米の生産量が世界5位（各2022年ベース）ですし、水産業なども盛んです。今後はものづくりを育てる一方で、こうしたベトナム特有の産業の振興が重要になるでしょうし、日系企業もそのあたりに注目すべきだと思います。

そうしたなかで日本に求められるのは資金と技術です。先ほども話題に上がりましたが、今後はいかに官民協働で日本の資金と技術を活用し、ベトナムのESG（環境・社会・ガバナンス）にコミットできるかが問われるでしょう。

蕪木：ものづくりに限らず、ベトナムが直面する社会課題に一緒になって取り組むことが重要になるということですね。日本からベトナムへのODAが活性化するようなので、そういった動きにも注目すべきかもしれませんね。関根社長はいかがでしょうか。

関根：商工中金がハノイ市に駐在員事務所を出したことで、お取引先を中心にあらためてベトナムビジネスへの関心が高まっています。当面はベトナム進出時の出資金や運転資金、事業拡大時の資金などの需要にクロスボーダーローンなど多様な商品を活用しながら対応していくつもりです。
　また、I－GLOCALさまやその他のコンサルティングファームと連携しながら、M&Aをはじめとした資金ニーズ以外の部分も重層的にサポートしていきたいと思います。

蕪木：それにしても、昨年（2023年）、ハノイ市で開催された商工中金の駐在員事務所のオープニングセレモニーには地域金融機関の方が大勢来ていましたし、お花もたくさん届いていましたね。

関根：私どもとしても地域金融機関の皆さまに注目いただいていることを再認識する良い機会になりました。
「地域金融機関との連携」は商工中金法にも記載されている私たちのミッションのひとつです。お客さまを丁寧にサポートしていくには地域金融機関との連携が必須ですが、それはベトナムをはじめとした海外においても同様で、私たちとしてもさらに全力を投じていかなければならないところだと実感しています。

蕪木：若くして圧倒的な「情熱」と「愛」でダナン三日月のプロジェクトを推進してきた小高社長の姿勢は、まさにこの本の主旨と合致するものであり、ベトナムビジネスを成功させる要諦だと思います。今後の展開もとても楽しみです。

小高：ご期待に応えられるよう、これからも全力を投じていきます。

ちなみに、ダナン三日月では第２期工事で施設の１階に日本製の人間ドックを入れて、そこから日本にデータを送り、日本の医師にレビューしてもらえるようなウェルネスツーリズムの仕組みを整備しているところです。ベトナム人はもちろん、これからさらに増える駐在員の皆さんの健康に貢献できればと考えています。

そうすることで、ベトナムビジネスに全力でチャレンジしたいという優秀な人材が増えることを期待しています。

蕪木：小高社長のような経営者やビジネスパーソンが次々とベトナムに目を向けてくれれば最高ですね。皆さまの素晴らしいコメントからベトナムビジネスの魅力や可能性をひしひしと感じることができました。これからもよろしくお願いいたします。

おわりに

このたびは『加速経済ベトナム』を手に取っていただき、誠にありがとうございました。

本書を執筆するにあたって、私はあらためてベトナム経済、そしてベトナムビジネスの〝今〟を見つめ直し、実際にビジネスの最前線で活躍している皆さまの生の声を聞いて回りました。

その過程であらためて感じたのは、ベトナムビジネスに携わっている人たちが揃いも揃って、「情熱」にあふれていることです。もちろん、もともとビジネスに意欲的な方たちばかりではありましたが、おそらくベトナムで事業を推進していくにあたって、「もはや日本がベトナムにとっての〝裏庭〟になりつつある」（巻頭インタビューでの入山章栄早稲田大学ビジネススクール教授のコメント）ことを実感し、モチベーションが何倍にも膨れ上がったのではないかと思えるほどでした。

なかでも巻末座談会でみずほ銀行の加藤勝彦頭取が述べた「遅々としながらも着実に前進していく」という点、ホテル三日月グループの小高芳宗代表が述べた「『人』を成長させる機会があちこちにある」という点は、多くのビジネスパーソンの心を打ち震わせたはずです。

ただ、ベトナムビジネスを成功に導くには冷静さも欠かせません。本書に登場した皆さんはいずれも「情熱」だけでなく、冷静に自分自身や日本の強み、そしてベトナムの市場を見つめる「目」を持っていました。

そして、まさに「〝潮目〟を見極め、適切な経営判断を下すこと」（巻末座談会での商工中金の関根正裕社長のコメント）で、堅実に成長を遂げるベトナム経済において成功をおさめ、今なお新たなチャレンジを続けているのです。

本書の刊行にあたっては、多くの皆さまにご協力いただきました。巻頭インタビューにご登場いただいた入山教授、巻末座談会にご登場いただいた商工中金の関根社長、みずほ銀行の加藤頭取、ホテル三日月グループの小高代表をはじめ、各章の取材にご協力いただいた日系企業の皆さまに心より感謝申し上げます。

執筆にあたり、さまざまな視点からアドバイスをくれたI－GLOCALグループの實原享之やチャン・グエン・チュンなどのメンバー、CastGlobal Law Vietnam代表の工藤拓人さん、そして企画段階から相談に乗っていただき、編集を担当いただいた東洋経済新報社の桑原哲也さんにも感謝の意を表したいと思います。皆さま、本当にありがとうございました。

日本とベトナムの距離感はすさまじい勢いで縮まってきています。ビジネス的な距離感もさることながら、Ｉ－ＧＬＯＣＡＬグループの若手の日本人コンサルタント４名がベトナムの女性と結婚し、現地で幸せな生活を送っていることもそのあらわれといえます。

他方、この本が刊行された後も、ベトナムは中長期的に遅々としながらも堅実に成長していきます。また、政令などが大幅に変わることもあるので、５年も経てば、本書の内容の一部が陳腐化したり、あまり参考にならなくなったりする場合もあるかもしれません。

こうした変化もまたベトナムの魅力ですので、私たちとしても引き続きキャッチアップに努め、Ｉ－ＧＬＯＣＡＬグループのコーポレートサイトやレポート、あるいは本書の改訂版などの形で情報発信していきますので、ご期待ください。

私は長年にわたってベトナムビジネスに取り組んできましたが、まだまだ知らないこと、わからないことばかりであり、今も新鮮な気持ちで事業に向き合い続けています。本書の文責はすべて私にありますので、ぜひとも多くの皆さんからご意見やご感想、そして未知の魅力や情報を賜りたく思っている次第です。本書をきっかけにひとりでも多くの方がべトナムビジネスに関心を持ってくれることを祈念し、これからも日々の業務に精進してまいります。

2024年8月

I－GLOCALグループ 代表　蕪木優典

【著者紹介】
蕪木優典（かぶらぎ　ゆうすけ）
I-GLOCALグループ代表
慶應義塾大学経済学部卒業。1996年朝日監査法人（現・あずさ監査法人）に入所。1999年アーサーアンダーセンベトナム（現・KPMGベトナム）に出向し、以来、ベトナムでのビジネスに携わる。2000年に日本人で初めてベトナム公認会計士試験に合格し、ベトナム公認会計士登録。2003年にベトナム初の日系資本会計事務所（現・I-GLOCALグループ）を創業。現在はホーチミン、ハノイ、東京に拠点を設け、大手上場企業を中心に1000社超の日系企業のグローバルビジネスをサポートしている。

加速経済ベトナム
日本企業が続々と躍進する最高のフロンティア

2024年10月8日発行

著　者――蕪木優典
発行者――田北浩章
発行所――東洋経済新報社
〒103-8345　東京都中央区日本橋本石町 1-2-1
電話＝東洋経済コールセンター　03(6386)1040
https://toyokeizai.net/

装　丁…………渡邊民人（TYPEFACE）
D T P…………キャップス
印刷・製本……丸井工文社
編集担当………桑原哲也
　Printed in Japan　ISBN 978-4-492-21260-8